Open your heart with this key

幸せが生まれる
マナーの極意

五十嵐由美子

JN239641

みらい PUBLISHING

はじめに

私は日頃、ビジネスマナーやコミュニケーション法を教えています。最近の研修では、中国やベトナムなどアジアからの受講生も多くなり、日本のマナーやおもてなしが海外でも注目されていることを感じます。

今、なぜ「日本のマナーやおもてなし」が注目されるのでしょうか。

「日本のマナーやおもてなし」は、見返りを求めません。

第一に相手を思い、相手の心を推し量ります。そして相手に対して、敬意を表わすための美しい言葉や所作を尊重します。

つまり、相手を大事にしたい、という心があり、その心に沿ったマナーを大事にして、おもてなしをします。サービスへの対価というよりも、人間と人間の繋がりを重んじているのです。

しかし、このようなおもてなしをするために最も重要なのは、意外にも自分自身を見つめることなのです。

今、自分自身を見つめることがないがしろにされています。

日本の企業の若手や中堅社員の方からは、社会の流れが速く情報過多、求められることが日々変化するために、仕事のモチベーションを保つのが難しいと、自信がなく戸惑っていることをよく耳にします。ちょっぴりもどかしいのは、そんな皆様が自分のよさに気がついていないこと……。

まずは自分自身が生活を楽しんで自己を認めてほしいのです。

自分を大切にして光り輝いた時に、初めて心からのマナーが生きるのではないでしょうか。

私も、そこに気が付いていなかったために、苦しい日々を送ったことがありました。

本書では自戒をもってそのことをお伝えします。

マナーが身に付いていれば、すべての仕事がうまくいくわけではありませんが、ほんの少しの心配りが欠けていたために仕事が長続きしなかったり、チャンスやご縁を逃がしてしまったという話は少なくありません。簡単ではありますが、本書で紹介したマナーが、あなたの大切なワンシーン、日常の仕事や生活にいたるまでのちょっとした支え、助けとなれば嬉しいです。

「マナー」と聞くと、少し堅苦しい感じがするかもしれませんが、私自身は失敗も多く、決して厳格な講師ではありません。マナーは、思いやりを表現すること。その場の空気をほぐして相手の立場に立ち、居心地のよい雰囲気をつくって心を通わせることが大切だと思います。

型にとらわれすぎず、あなたらしい思いやりや気遣いを発揮することができたら、仕事や毎日の生活にさらなるやりがいや誇りを感じることができるのではないでしょうか。

本書では、まずあなたの隠れた魅力を掘り起こし、自分を見つめるワークをしながら「自分軸」をつくり、エネルギーを蓄えていただきます。後半では心地よいマナーをご紹介しますので、あなたにできることをブラッシュアップしてみませんか。

本書を読んで、少しでもあなたの心が軽くなり笑顔で満たされたら、これ以上の喜びはありません。心の扉をひらき、新たな自分を発見し、楽しみながらご活用いただけたら幸いです。

幸《しあわ》せが生《う》まれるマナーの極意《ごくい》 目次

第2章
マナー、コミュニケーションの17のレッスン

序章

自分を見失った過去

地方局のアナウンサーを経て、東京でレポーターやナレーター・司会業などをフリーランスで行っていた私は、不規則でありながらも自由で気まま、好きな海外旅行を楽しみ、実家を離れて誰にも束縛されることのない一人暮らしを満喫していました。が、三十歳を前に周りの友人が次々と結婚していくようになると、次第に不安や焦りを感じるようになりました。

今では死語ですが、当時は二十五過ぎたら誰も買わない「クリスマスケーキ」などという言葉が流行っていた時代でした。

安定した仕事を持った相手をという親の意向もあり、たまたまご縁のあった知人の紹介でとんとん拍子に今の夫と結婚しました。

ある程度の覚悟はしていましたが、同じ敷地内に義父母の母屋、長男・次男・三男の四軒の家が立ち並ぶ特殊な環境下で次男と結婚し、持ち前の明るさと根拠のない自信で「なんとかやってみせる」と決意したものの、蓋を開けてみればジェットコースターのように奈落の底に突き落とされました。

保守的な家庭に嫁ぎ、姑の言葉の重圧から多くの挫折感を味わい、自由に仕事をすることもままなりませんでした。

自分の意見を発すれば「いいえ、それは違う」とことごとく否定されて、〝モノ

自由で気まま
旅行に仕事
期待の
嫁像

言えば唇寒し〟の世界。私は嫁ぎ先に来た五十嵐家のパーツの一つでしかなく、観覧車のゴンドラのように一緒に一族でクルクル回り続ける部品のようでした。まるで異国の地で生活しているような孤独を感じ、乳飲み子を抱えて逃げ場もなく、言葉を飲み込み、本音もさらけだせずに奮闘していました。

〝よいお嫁さん〟を演じて家の体裁を保ち、日常生活は大正生まれの姑の価値観の下、自分らしさとは程遠い、心の底から笑うことができない日々が続きます。

そのような中で二人の娘の子育てをしている私は、自分にいつも〝劣等生〟の烙印を押していました。自己肯定感がなく、生きづらさと将来の不安や戸惑いを感じている自分にまともな子育てなどできるはずがないと……。

どうすれば相手の心を開き、義母と上手くコミュニケーションができるのか日々悩み葛藤しました。

いいえ、正直に言えば、毎日心の中で理不尽さを叫び続けて七転八倒し、愚痴と嘆きのオンパレードでした。出口の見えない私には、他に術がなかったのです。綿々と繋がる子育て業の日々のトンネルの中で光が見えず、どこを指標に進めばよいのか……。

暗闇の中を手探りで右往左往する日々。テレビをつければ、かつての友人たち

KID'S
ORNER
げっそり

が溌剌と脚光を浴びて司会やレポートをしています。自分とはかけ離れた姿がたまらなく眩しく見えました。

気がつけば、不眠症、うつ状態、不定愁訴と、およそ健康とはいえないような結婚生活です。子育てママとのお付き合いをしながらも、明るく振舞っている仮面の下には、いつも居場所のない自分がいました。そういう私を見て、間に立たされた夫もまた途方に暮れ、深刻に悩んでいたに違いありません。

そんなある日、学生時代の友人に何気なく誘われたのがアドラー心理学をベースにした子育て講座でした。

子どもをどう育てるかを学ぶために参加した講座が、実は自分自身を見つめる作業で、泥を吐くように自分の過去があぶり出されました。

自分が、親の望むよい子を演じてきたことに気が付き、もっと自由に私らしく生きてよかったのだと泣きながら自分と対峙しました。

心理学を勉強することにより、少し俯瞰で客観的に自分を見ることができ、押さえつけて嫁の自由を奪っていたように思われた義母に悪気はなかったこと、義母もまた昔の保守的な価値観を植えつけられて育ってきた被害者だと考えるようになりました。

一つ一つの出来事を掘り起こしては容認して、思考を変えて自分の尊厳を取り戻していきました。

もちろん、決してすぐに這い上がれたわけではありません。行きつ戻りつ、ひとつ気持ちを整理するとまた新たな壁が立ちはだかっては心が折れる、その繰り返しでしたが、親子関係、嫁姑関係の負の連鎖を断ち切ることが私にとっては何よりも建設的な方法でした。

そしてそこには、出口がないと思い込んでいた日常生活から抜け出す道がありました。まずは自分を認めてほめ、心地よい居場所をつくること。

日々のストレスから逃げることばかりを考えていた私は、自分の心を耕し育てることを忘れていました。

「子育てをやらねばではなく、子育てをやりたい自分に変えてみてはどうですか」

こんな言葉を心理学の先生に言われ、唖然とします。

悩んでいた時には、子育てでがんじがらめになっていて、こんな発想は思い浮かびませんでした。時間をかけてこのように自分の内面を探求し、気持ちを立て直していく作業で、「アレもダメ、これもできない」と引き算ばかりをしていた自分の生き方が変わっていきました。

気持ちが塞がっていた当初は、ふきとドクダミが蔓延っている荒れた庭の手入れをする気持ちの余裕はありませんでしたが、ある日、マーガレットの苗を四つほど植えてみたら、幼稚園児の長女が「ママ、お花畑ができたよ」と大喜びで庭を飛び回りました。

ハッとした私は、好きな仕事ができない環境ならば、二人の子育て中だからこそできることを見出そうと考え方を変え、家の中を楽しい安らぎのある空間にしたくなりました。

ガーデニングやフラワーアレンジメント、写真、旅行、お菓子作り……。

実際にそれらを始めて見ると、以前仕事に忙殺されていた時には味わえなかった、自由で癒しのある芳醇な時間を手に入れられることに気が付き、やっと夢を見ることができるようになりました。

そして、娘とイギリスのコッツウォルズを旅した時に、いつか家を建て直して、猫の額ほどの庭ですが、小さなイングリッシュガーデンを作り、人がたくさん集まる情景を思い描くようになりました。

心を閉じて下を向いて生活している時には堂々巡りで、チャンスや出会いはなかなか訪れませんでしたが、不思議なことに自分らしさを発揮して上を向いて歩き出すと、様々な人とのご縁が自分にやって来ました。

それからは、コミュニティラジオのパーソナリティーの仕事が舞い込んだり、他の仕事も依頼されるようになり、口うるさかった義母は、私の仕事に対して一定の理解を示してくれ、互いの関係性も変わっていきました。

そしてその数年後、恨みも消えて、姑の介護をして後悔することなく見送ることができたことは、私にとってちょっとした勲章のようなものと言えるかもしれません。

今思えば、あの頃の苦悩やつまずきに、一つとして無駄なものはありませんでした。

私という人間を構成する成分として、今も身体に溶け込み染みわたっているからです。

私はアロマが好きで、時にお気に入りの香りを混ぜてアロマスプレーを作ることがあります。そうした好みの香りも、元気をもらえるグレープフルーツ一つの香りだけを付けるより、ローズゼラニウムやラベンダー、ベルガモットなどの香りを合わせると、より奥深く五感に染み込むような素敵な香りを醸し出します。

同じように、人も一つ一つの挫折や悩みがあればあるほど、それを凌駕できた時に、懐の深い人間性へと昇華するのではないかと思います。自己肯定し、自分の期待値以上のものを手にして心の平安を得られれば、苦手な相手を許す気持ちの余裕ができるのかもしれません。

運よくベクトルを変えられ、自分がワクワクドキドキするものを手に入れたことは大きな励みになりました。

ラジオの仕事をするうちに、次は講師の仕事を頼まれ、そのためにビジネスマナーの資格を取得したことが今の仕事へと繋がりました。マナーやコミュニケーションのスキルを体得する中で、常に色々な気付きがあり、考え方がポジティブになって免疫力も高まります。身体と心にとてもよい効果を及ぼします。「私はこれでよいのだ」という自分の軸ができるので、不安や恐れも解消され、自分に自信が持てるようになりました。

驚いたことに、十数年前には夢でしかなかった、家の建て直し、バラを育てる、人が集まるパーティーを開く、たくさんの友人に囲まれる、仕事を充実させる！これらの夢は殆ど叶っています。

ダーウィンの進化論に、「最も強い者が生き残るのではなく、最も賢い者が生き延びるのでもない、唯一生き残ることができるのは、変化できる者である」とあります。

柔軟性としなやかさを持って困難にも対応できる人が、より満足する人生を手に入れられるということでしょうか。

それには、気持ちの余裕と相手を受け入れて共感する心、失敗しても大丈夫！リカバリーする大らかさ、虚勢を張らなくてもよい心地よさ、生活や仕事を楽しむアイデアと工夫と感謝の心、きっとできるという信念……、こんな境地があればこそ、大らかに生きられるのかもしれません。


子育てをやらねばではなく、子育てをやりたい自分になる。

好きな仕事をするのではなく、今ある仕事を好きになる。


言葉遣いの一つ一つを、マイナス言葉から気持ちが豊かになるプラス言葉に変換して話してみました。

たとえ小さなとるに足りない些末なことでも、日々の一つ一つのこうした変換作業の積み重ねが潜在意識に働きかけ、本当に大きな力を生み出しました。

ちょっと視点を変えてアクションを起こしたら、今ある日常が全然違う風景に

GARDENING
ON AIR
AROMA
FLOWER

なるのです。言葉や行動を変えるとベクトルはもちろん前向きに変わり、人生がよい軌道に乗るようになるので、必然と言えるような不思議なご縁が舞い込んだり、シンクロニシティー（同時性）が起こったり、様々な人がヒントやチャンスをもたらしてくれました。

私が今、研修や講座を行なっているビジネスマナーは、〝相手目線〟に立って、相手に寄り添い心地よい関係を築くことを伝えています。

一見すると相手のために自分ができることをしているように感じますが、実は何十倍も〝私〟に思いがけない贈り物が返ってきたりします。

例えば、人とすぐに親しくなれる・仲間に恵まれる・仕事を頼まれる・何かの折に私を思い出してくれる・公私ともにサポートしてもらえる・わずかな時間でも人と信頼関係を築けるようになる・私を大切にしてもらえる……、などなど。

まさに〝情けは人のためならず〟です。かつて孤独の中で息を潜めて生きていた頃とは比べものにならないような恩恵が今は降り注ぎ、私自身がこうした日常に驚いています。

マナーは決して堅苦しいものではなく、人に強要するものでもなく、相手の喜ぶ顔や相手が満足する状態をイメージしてアクションを起こすこと。

そして一期一会を大切にして感謝体質になり、心の奥に落とし込んで自分のものにして、初めて活きるものだと思います。

ビジネスマナーやコーチングで自分を変えられるスキルを体現できるようになってからは、誰と会うときでも物怖じせず、おっちょこちょいの私は〝素〟の自分も隠すことなくさらけ出し、明るく堂々と自分らしい振る舞いをして人生の活路を見出しました。

こうなりたい、こうしたいという目標や夢は自分次第で叶うのだということ。人生を諦めるのはもったいないと読者の皆様にメッセージを送り、幸運を祈ります。

第1章

自分軸を持つための7つのヒント

ヒント1

自分を好きになる

ビジネスマナー講座を行なっている時に、受講生の方から、「先生、私は自己肯定感が低いんです」とか「自分に自信がないんです、どうすればいいですか」と言われることがよくあります。

人は誰でも他者から認められたいという承認欲求がありますが、自己肯定感が低いと、自分で自分を認められないためになかなか心が満たされず、他人の顔色を気にして、依存してしまいがちです。

かつての私がそうでした。心の何処かで絶えず人の評価を気にして動き、おどおどして自分を見失っている時もありました。そうした不安が言動に出たり、頑張らなくてはと気合いばかりが空回りして、大事なところで失敗して凹んでしまったり……。

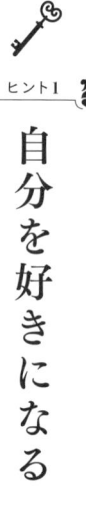

しかし、「私なんて」と自分をないがしろにした行動はもったいないです。

「失敗してもご愛嬌」。ありのままの自分を受け入れ、自分を好きになって堂々と振る舞うと、相手の反応が変わってきます。自分を大切にしてマナーを身につけて相手目線で行動すると、相手もまた自分を大切にしてくれます。そうすると心が満たされるので、幸せ感がアップして喜びが呼応し、ますます相手のために心を寄せたいと思うようになります。そうして人生そのものが好転していきます。自分を好きでないと、幸せ感は得られません。

自分好き度数と幸福度数は比例しているのです。

自分を好きになるワーク

「自尊心」とは、自分を好きになり、大切にする気持ちのことです。

「自尊心」が下がると、自分をなかなか好きになれません。逆に自分を好きになり大切にすると可能性が広がり、充実した生活をするようになり、生活の質も変わっていきます。

私は仕事で一人前になるまで、そして子育てに奮闘している頃も、自分を好きになることがなかなかできませんでした。

仕事では、テレビのロケに出かけ本番でレポートする直前、強風で手に持っていた原稿を全て飛ばしてしまったことがあります。

頭の中が真っ白になってオンエアでバクバク吃り、ディレクターに大目玉を食らったり、子育てではスーパーの床で泳ぎながら大声で泣き止まない娘になすすべもなく……。自分の不甲斐なさに嫌気がさしていたことは日常茶飯事でした。

失敗だらけで落ち込んでいる自分のよいところに目を向けるなど、その時には考えてもみませんでしたが、今思えば、そこから確かにプラスの部分を見出すこともできました。

「どんなに過酷な状況でも、アナウンサーはマイクと原稿だけは死んでも離すな」という教訓が得られた。スーパーで泣き叫ぶ娘に対しては、声を荒げず、様子を見届けられた自分をまずほめてあげられたなど、そこから成功への道標となるような学びもたくさんあったのです。

―コンプレックスを長所に置き換える―

「私なんて……」とついつい自分のコンプレックスばかりに目がいっていませんか。

でもコンプレックスも個性で、考え方次第でそれも魅力の一つなのかもしれません。私自身は、人とテンポがズレていたり、言ったことをすぐに忘れたり、こんな抜けた性格でも今では「ま、いいか。なんとかなる！」と開き直ってこだわらないようにしたら、とても楽になりました。

自分のよさに気がつくと、さらに本領を発揮できるようになります。

例えば、こんなコンプレックスが実は長所だったりします。

「飽きっぽい」↓「好奇心旺盛」「多趣味」

「優柔不断」↓「じっくりと考え、思慮深い」

「せっかち」↓「頭の回転が速い」など

勝手な自分の思い込みで、可能性を狭めているかもしれません。
あなたのコンプレックスを、長所に変換してみましょう。
コンプレックス「　　　　　　」↓長所「　　　　　　」
コンプレックス「　　　　　　」↓長所「　　　　　　」
コンプレックス「　　　　　　」↓長所「　　　　　　」

コンプレックスを自分らしいアイデンティティーとしてありのままに受け入れると、ストレスも軽減して、ベクトルも変わります。

完璧を望まないで、失敗を前向きに考えられる大らかさこそ、いろいろなことにチャレンジができたり、マイナスな出来事こそ笑い話にして、それが後々自分のかけがえのない財産になったりします。

―好きな人と付き合う―

居心地の悪いところにいると、自分の本音も言えずに相手の顔色を伺い、萎縮してしまいます。自分の夢ややりたいことがざっくばらんに話せて、自分らしさを出せる友達や仲間のいる環境に身を置いてみませんか。

行きつけの居酒屋、同級生、趣味のサークル仲間、ご近所の仲良し、尊敬する仕事仲間……。好きな人といるだけでエネルギーも高まって、温かい言葉のシャワーに活力が湧いてきます。

あなたが好きな人は?「　　　　　　　　　」

あなたが解放される場所は?「　　　　　　　　　」

―ストレスが溜まった時に、あなたは何をしますか―

慌ただしい毎日を送っていると、自分の心をないがしろにしているかもしれません。

あえて、ときめくことをやってみると、気分転換になり気持ちも高揚し、自分のことも好きになれます。

「非日常」を楽しむのもありですね。時には夜景が見えるバーに出かけたり、スパに行ってリラックス、映画三昧、美術館に出かける、ヘアサロンで髪を切る、自分のために花束を買う、ゲームをする、カラオケで発散する、オシャレをする、好きな音楽を聴く、美味しいものを食べるなど……。

私は以前、仕事に追われ、ラジオのオンエア前のドキドキの緊張感をほぐしたい時には、小さなサシェにライムやグレープフルーツなどの柑橘系のアロマオイルを含ませ、持ち歩いていました。

五感を刺激するフレッシュなアロマの香りは、心のリセットにはもってこいです。

深呼吸とともに嗅ぐアロマオイルの刺激が、一瞬で脳に働きかけて気持ちを落ち着かせて元気をもたらし、効果てきめんです。リラックスタイムにはラベンダーやオレンジスイートなど、気分に合わせて使い分けるのも楽しいです。

「あなたのストレス解消法は？」

疲れたり、心が折れそうになった時に、気持ちを立て直す術を身につけて、自分を大切にしたいですね。

ヒント2

自分をほめる

普段の生活の中で自分の気持ちに余裕がないと、心までギクシャクして、相手を思いやることはなかなかできません。

満員電車に揺られ、寝不足で仕事を行い、帰り際に取引先から電話がかかって来て、家に帰れば夕飯の支度や洗濯物も山のように残っている。忙しい時に限って、メールも立て続けに入ってきて、その返答であっという間に時間が過ぎる……。

なんで私ばかりがバタバタしてこんな思いをするの？　と疲れ果てて理不尽な気持ちに

とらわれたことはありませんか。

人はとかく、欠点ばかりが目につくアンテナを張ってしまいます。素敵なこともたくさん身近に起こっているのに、磁石で砂鉄を集めるように悪いことばかりにとらわれていると、自己肯定感も低くなってしまいます。

自分にダメ出しをしていると、ますます負の自分が出てきてしまい、そんな時こそ、自分への励ましが必要です。かつて、オリンピックでメダルを獲得した有森裕子さんが、インタビューで「自分で自分をほめたい」と言った名言がありました。メダルを手にするまでには多くの葛藤と挫折、自分にしかわからない苦悩も山のようにあったはずです。清々しいその言葉に日本中の人が共感しました。

ほめることによってイライラが減り、ストレスも緩和され、心が満たされて笑顔になることもできます。

自分に自信が持てるのでモチベーションも上がり、つらいことをエネルギーに変える力も湧いてきます。その習慣付けが自己肯定感を高め、自分に対する印象、セルフイメージを高めることに繋がります。プラスの思い込みのセルフイメージを持つと、自分のよいパターンがつくられて、ピンチにも強い精神力が備わります。

日常の些細なことでも、頑張った自分に「それでいいのよ」とエールを送ることはとても素敵なことだと思います。

「職場のそっけない上司からイヤミを言われたけれど、笑顔で答えた私はすごい」

「仕事でぐったりして帰ったけれど、夕飯を作った私は頑張った」

「忙しくて時間がなかったけれど、娘の愚痴を聞いてあげた私は我慢強い」

「睡眠不足なのに、いつもどおりに朝起きた！　私ってできるじゃん」


慌ただしい時ほど、念仏のように「私はえらい！」と自分をほめると、血液循環もよくなってエネルギーが湧いてくるから不思議です。

実際に私は、重く暗い気分から自分を鼓舞しているうちに脱出したことが何度もあります。ほめているうちに視点も変わり、感性も豊かになって、もっと物事の本質の奥深さに気が付いたりすることもあります。

自分をほめるワーク

自分をほめるのが苦手な人も、毎日の生活の中でほめポイントを探して書いてみましょう。どんなに小さなことでもかまいません。

―朝の準備や支度をしている時―

（例）「朝のゴミ出しをしっかりやった、完璧！」

あなた「　　　　　　　　　　　　　　　　」

―仕事中―

（例）「面倒なタスクから取り掛かった。さすが～」

あなた「　　　　　　　　　　　　　　　　」

―帰宅途中―

（例）「電車の中でおばあさんに席をゆずってあげた、私はエライ」

あなた「　　　　　　　　　　　　　　　　」

―プライベートの時に掛ける言葉―

（例）「甘さをひかえたお菓子を買ったよ、健康的だね」

あなた「　　　　　　　　　　　　　　　　　」

―家事をしている時―

（例）「疲れているのに掃除機をかけた、部屋もピカピカ、清潔で気持ちいいね」

あなた「　　　　　　　　　　　　　　　　　」

―眠る前に―

（例）「明日の予定をチェックした、準備万端。明日もいい日になるね！」

あなた「　　　　　　　　　　　　　　　　　」

一日一善ワーク

日頃私は、色々な職業の方や趣味の仲間と会う機会があり、直感で、この人とあの人が会ったり仕事でコラボしたら面白いかななどと思い立ち、思わず紹介をして、人と人との交流でワクワクするようなイベントやランチ会を催すことがあります。

当の私は、ただただ楽しいひとときを満喫していますが、そんな人とのご縁を繋いでいると、不思議なことに、二倍も三倍もの素敵なお返しがあることに驚きます。

それは、お金では買えないような新たな人との巡り合いや絆だったり、以前から私がやりたかった夢に繋がるものだったり、新しい仕事だったり。そんな巡り合わせがあると、人生は本当に色々な可能性があるのだなと実感します。

この上ない贈り物で忘れられない出来事は、東日本大震災が起こった年のことです。

私は以前から痛めていた股関節の具合が急激に悪くなり、足を引きずり、キリキリした痛みと戦うような日々を送るようになりました。

治療院では治る見込みもなく、こんな足の不具合で毎日生きるのは辛いと感じながらも仕事を続けていた私に、ある日、ラジオで震災ボランティアの方にインタビューをする仕事が入りました。

けれども被災地にも行っていないのに、ボランティアの方の話を伺うのにはとても引け目を感じていました。当時は、連日のように東北の被災地の過酷な様子がニュースで報道され、現地に行きたい気持ちがありながらも行く機会がなく、歯がゆい思いをしていたからです。すると、たまたま世田谷区がボランティアバスで被災地支援活動をしていることを知り、直感で「これは行くしかない！」と決断し、足の痛みをこらえながら、一人バスに飛び乗り、岩手県の山田町までガレキ処理の活動に出かけました。

現地に着き、荒涼とした海辺の街で津波に流された家屋のガレキを拾っていると、同じグループの女性が声をかけて来て、

「五十嵐さん、股関節がとても悪そうですね。実は私、股関節振興団体の職員なのですよ。よかったら来週、東京でドクターの診察を受けませんか。あなたと同じような症状の人で手術をして元気になった人がたくさんいるのですよ」

そう言って、股関節の最新治療をしている名医を紹介して下さったのです。

同じ手術をした患者さんにも会わせていただき、術前術後の様子も親切に教えていただきました。以前は手術に抵抗があった私ですが、その後、とんとん拍子に人工股関節置換術を受け、明るくピンピンに元気になって別人のように復活しました。

自分の行ったささやかなボランティア活動が、逆に自分の体を治してもらう大きな転機に

変わり、なんて自分は幸運なのだろうと、心から神様仏様に感謝しました。そんなラッキーな出来事が、私にはたくさん起こっています。

自分がアクションを一つ起こすことで、こんなにも人生が変わるなんて……。というのが私の実体験です。

その後、何回か被災地に出かけましたが、行く度に被災地では自分の想像を超えた利他の心で生きている人たちに出会い、大きな感銘を受けました。

人から受け取ることを期待するよりも、相手の喜ぶ顔を思い浮かべて自らが行動すること。「ギブ&テイク」ではなく、ひたすら「ギブ&ギブ……」。見返りを期待しない気遣いで人と接すると、相手にも打算のないピュアな心が通じ、互いに気持ちが共鳴して響き合い、豊かな時間を共有することができます。

これこそが、ホスピタリティの心です。

とはいえ何も、ギブは大げさなことを相手に与えようとしなくてもいいのです。一円玉貯金のような毎日の小さな蓄積が、やがて大きな財産に変わっていきます。

例えば、レストランで美味しい食事をしたら、ウェイターににっこり「美味しかった、ごちそうさま」と微笑む。スーパーの駐輪場で倒れていた自転車を起こす。駅ビルのトイレで、清掃係のおばさんにお礼を言うなど。日頃からの小さな施しを積むことが習慣になると、思いがけず他の人からのサポートがあったり、大きな成果へと繋がるのではないでしょうか。

あなたの今日の「一日一善」を書いてみましょう。

「　　　　　　　　　　　　　　　　　　　　　　　　　」

ヒント3

自分の好きを集める

私は旅行が大好きです。

特にヨーロッパの田舎の風景の中に佇んでいると、多くのインスピレーションを感じ、気分が高揚して自分の身体と心が浄化されるあの感覚がたまりません。ガイドブックを広げながらルートを考えてプランを練っている時から妄想が広がってワクワクドキドキ、この時にすでに身体中の細胞が活性化しています。

私は今までいろいろな国を旅しました。

南イタリアのマテーラという洞窟の街では、中世にタイムスリップしたような迷路のような街を散策して朝日に輝く洞窟ホテルや町並みを堪能し、プロヴァンスではのどかな田園風景と新鮮なシェーブルチーズやアンティパストがふんだんにある市場を訪ね、農場レストランで緑に囲まれて食べた極上のスローフードに感動し……。

中でも印象に残っているのは、十数年前、娘と一緒にイギリスを旅した時に、初めて国際免許証を取ってオックスフォードからコッツウォルズまでの道のりで車を走らせるという珍道中でした。ナビを頼りに運転するつもりだったのが、ナビなしの車をあてがわれて大わらわ、何度も迷っては地元のイギリス人に道を聞いては引き返し、一面に広がる金色の麦畑の中を迷走

しながら、コッツウォルズの村々を訪ねました。
そこで見たのは、小さな村に住んでいる人たちの素朴な暮らし。辿り着いた時には村は閑散としていてレストランのランチタイムも終わって食事をするところもなく、日本の便利さとはかけ離れていましたが、家の玄関や窓辺にはさりげなく花の寄せ植えやハンギングが添えられて、ほっと心が温まる豊かさを感じました。
一輪の花が暮らしに彩りを添える心の豊かさ。質素でも丁寧な暮らしぶりに心を動かされました。

家にいながらのんびり癒される、こんな暮らしがしてみたい。
その頃からコッツウォルズの情景に強く惹かれて憧れるようになりました。

それからの私は、家を建て替えたら、イタリアやフランス映画に出てくるような外ごはんが食べられるようにして、小さな庭でもイングリッシュガーデンのような花を植え、バラを絡ませて、癒されるような家に住みたいと思うようになりました。

ガーデニングやバラの講座に通ったり、手頃なアンティークのガラス瓶や小物を集めたり、紅茶教室に通っては美味しい紅茶にはまったり。私の〝好き〟はどんどん加速して止まりませんでした。

こんな時に、プラスのエネルギーがぐんぐん自分の身体の中に取り込まれていくのでしょう。そしていつの間にか、夢のまた夢だったものが、本当に一つずつ実現していくようになりました。

〝好き〟はそれほどまでに大きなパワーを生み

出します。

私の好きなもの

自分の好きな絵、好きなオブジェ、好みのランプやチェアー、ステーショナリー……。好きなものに囲まれる空間は居心地がよく、それを目にするだけで、気分が和らぎホッとします。

我が家のエントランスには、バブルの時に清水の舞台から飛び降りるようにして買ったカシニョールのリトグラフを飾っています。

これは、横浜の港でしょうか。ピンクと紫の紫陽花をバックに、日傘をさした女性と長いつばのおしゃれな帽子を被った女性が後ろ姿で海を眺めている風景です。

この絵を見るたびに、初夏の涼しい風が渡ってくるようで、すがすがしい気分にさせてくれます。疲れて帰って来た時、気持ちが落ち込んでいる時も、玄関に入って絵を見て気分転換をしています。

また、お気に入りのイギリスアンティーク、シェフィールドのナイフ&フォークも気分をぐっと変えてくれます。

こちらは十九世紀の終わりに貴族がオーダーして作らせたもので、ナイフやフォークの表面に可憐な花の彫刻が施されていて、端正でエレガント。

これを使う度に、海外テレビ番組「ダウントンアビー」の世界、百年以上も前の中世の貴族の館を思い起こし、ちょっぴりラグジュアリー

な気分に浸ります。

そして特に忙しくて心が荒んでいる時は、我が家のパワースポットの庭に入り込みます。

ひたすら草取りや庭掃除をして庭の枯葉や雑草を抜き取ると、心の隅々まで洗われて気持ちが晴れ晴れし、なんとも言えない浄化作用があります。少し綺麗に片付いた庭を眺めると、また気持ちが落ち着いて、エネルギーをたくさん充電したという満足感を得られるのが不思議です。

居心地のよいこの場所で、椅子に腰掛けながら飲む一杯のコーヒータイムは、至福のひとときです。

自分の好きを集めるワーク

今まで仕事でお会いして、特に印象に残った方は『１００万回生きたねこ』の作者、絵本作家の佐野洋子さんです。

生前の佐野洋子さんに絵本の作品展についてのインタビューをしたことがありました。「佐野さん、絵本を描こうと思ったきっかけはなんですか」の問いかけに、「お金と生活のためです」と、照れ隠しもあるのでしょうか、おどけながらぶっきらぼうに淡々と答えられました。

そしてご自身のことを話す時にはシャイな佐野さんが、ふとした拍子に、当時大ヒットしていた『冬のソナタ』のペ・ヨンジュンさんの話題になったら、我を忘れてご自分がどれだけヨン様を好きで、四六時中ヨン様のドラマのＤＶＤを観て過ごし、身も心も夢中になっているかを話されました。

インタビューの半分はヨン様への熱い思いで話が脱線して止まらなくなり、幸せオーラが全開。その無邪気さと童女のような純粋さがとても魅力的でした。

こうした溢れるような愛情やエネルギーが絵本づくりにも生かされているのかなと感激しました。

「好き」ってすごいですね。

慌ただしい毎日を送っていると、私の「好き」をおざなりにしているかもしれません。

あなたの「好き」、ワクワクするものは何でしょうか。

あなた「　　　　　　　　　　」

―あなたの好きな言葉は何ですか？―

私「足るを知る」（無い物を欲しがるのではなく、すでにあるものに目を向ければ幸せになるという考え方が好きです）

あなた「　　　　　　　　　　」

―あなたが言われてうれしい言葉は？―

私「あなたと知り会えてよかった」（ご縁を感じてもらった時）

あなた「　　　　　　　　　　」

―あなたの好きな風景は？―

「イギリスのコッツウォルズ、フランスのプロヴァンスやブルターニュ地方の小さな村々、沖縄の竹富島のコンドイ浜。でも一番好きなのは、静岡の由比町から眺めた富士山と大海原が広がっている絶景ポイント」（私の故郷を象徴する風景です）

あなた「　　　　　　　　　　　　　　　　　　　　　　　」

―あなたの好きな瞬間は？―

私「夏のメチャクチャ暑い日に氷イチゴの練乳がけを食べている時。五月のバラの季節に、朝早く起きて庭の水撒きをする瞬間。美味しい日本酒をちびちび味わっている瞬間」

あなた「　　　　　　　　　　　　　　　　　　　　　　　」

―あなたの好きな映画は？―

私「ニュー　シネマパラダイス」（あんなに泣いて心が浄化した映画はなかったかも……。）

あなた「　　　　　　　　　　　　　　　　」

自分の「好き」を見つけてみると、その「好き」の奥底には自分の様々な原体験や思い出、過去から繋がっていたものが垣間見えたりして不思議です。それらの気付きから、自分がどうありたいのか、自分にとって価値のあるものや大切にしていることがわかってきたりします。

そして新たな自分を見つけ、アクションをも変えるかもしれません。

自分の好きを充実させる

私の〝好き〟を充実させるために、ゲーム感覚のような気楽な気持ちで、紙にワクワクするような未来を書き出してみます。イラストを描いても可愛いですね。

例えば自分の趣味や生きがい、好きな雑貨、行ってみたい国や場所、大好きなアーティスト、住んでみたい家、食べてみたいスイーツ、好きな言葉など。

また、文章でなくても雑誌の切り抜きをして、外国の風景や海外セレブのオシャレな洋服、綺麗な花のアレンジメント、好きな動物、乗ってみたい車やこだわりのカフェなどの写真を自由にハサミで切り取って紙に貼り付けコラージュを作ってみるのも楽しいです。

無心になってやっていくうちに、自分が今、何に興味があって、どんなキーワードが心に響くのか、自ずとわかってくるようになるのが不思議です。

その紙やコラージュを目につくところに置いて眺めているうちに、無意識に自分の〝好き〟への想いのアンテナが張り巡らされ、自分の欲しいものが引き寄せられたりします。

そうした自分の夢の詰まった「想い」がアイデアを生み、決断が変わり、暮らしを変えて、人生のシナリオまでも変えていきます。

ヒント4

アファメーションを取り入れる

「アファメーション」とは、肯定的な言葉を自分に語り掛けること。ポジティブな言葉掛けをすることによって自分の内に秘めた可能性や能力を引き出すことです。

「やればできる」「きっと成功する」そんな前向きな思い込みをすることで自分に暗示をかけ、理想の自分になる方法です。

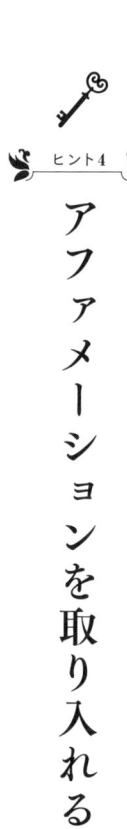

建設的な言葉が脳や心に働き掛けるので、無意識に前向きな行動や思考ができるようになり、思わぬ成果を生み出したりします。

例えば、「ダイエットしたい」と願うと、自分のアンテナが立ち、痩せるために効果的な情報が優先的に意識の中に上がってくるようになります。

そして、その中からアイデアやひらめきが生まれ、「このタイミングだ」と脳がチャンスに反応するようになります。

その結果、「引き寄せ」と言われるような向こうから欲しいものが近づいてくる感覚を覚える方もいます。

長嶋茂雄さんは徹底したポジティブ人間で、プラス思考・よい結果のことしか考えず、プレッシャーやチャンスを楽しみ、その勝負強さはここぞという大試合や重要な場面で発揮されました。

また、サッカーで有名な本田圭佑さんも小学校時代の卒業文集で、「世界一のサッカー選手になる」「外国から呼ばれて『セリエＡ』に入団し、十番で活躍する」と、なりたい自分になると断言しています。

日本人で初めてＮＢＡのドラフト一巡指名を受けて、『ワシントン・ウィザーズ』に入団し、大活躍している八村塁さんは、まさにアファメーションを日頃から取り入れていました。中学生の頃から「お前はＮＢＡに行くんだよ」と恩師に言われてその気になった思い込みが現実に！　とてつもない夢を見事に叶えました。

普段から自分に前向きな言葉を落とし込んでいれば、自己暗示にかかり、自然と積極的に行動することができるようになります。但し、アファメーションをつくるのには注意が必要です。

アファメーションのつくり方

みなさんはこんな経験はありませんか。車に乗って山道でくねった坂を登った時に「あっ、酔いそう」と思った途端、急に気持ちが悪くなったり、初対面で会った人に対して「あの人、ちょっと苦手だな」と思い始めたら嫌なところがどんどん目についたり……。

嫌だと思うと粗探しが始まって嫌な現実が見えたり起こったり、いいなと思うと楽しいことが引き寄せられ、心の中で思いついた事柄が反射的に脳に繋がって実際の現実も変わっていきます。この〝思い込み〟を普段から上手に生活の中に取り入れてみます。

アファメーションは、なりたい自分になるためのおまじないです。

「そんなの無理～」「できるわけない」。こんな言葉は、自分から夢を遠ざけてしまいます。

アファメーションをつくるときには否定的な表現ではなく、肯定的で断定的な表現にします。

例えば
×あがりませんように　↓　○私はリラックスしています
×失敗しませんように　↓　○私は成功します
×人に嫌われませんように　↓　○私は人から愛されています

「～しない」ではなく、「～する」「～になっている」というように、そうなりたくないことではなく、なりたい状態をイメージして作成します。

言葉の力を使って潜在意識を変えていくので、普段の言葉癖が変わると自分の行動もポジティブにエネルギッシュになっていきます。

私自身も研修で前向き言葉を受講生に伝えるようになってから、ポジティブに言ったことが本当に現実になることが多く、言葉に脳が敏感に反応していることがわかります。

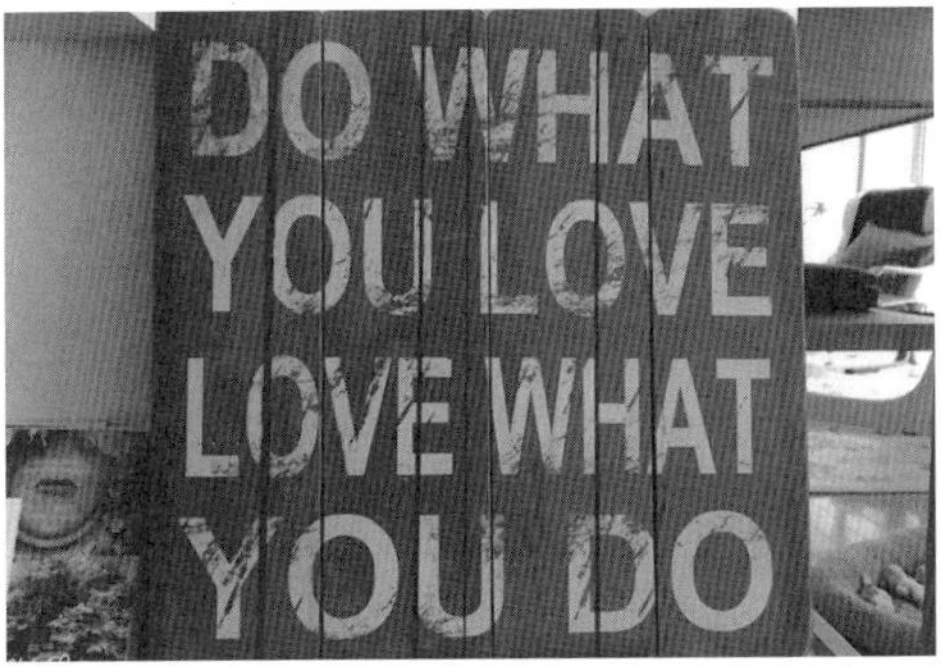

私のアファメーション

イギリスのバーフォードのアンティークの蚤の市で偶然見かけた五十センチ四方のウッドプレート。ここに書かれた言葉は私のアファメーションでもあります。

「DO WHAT YOU LOVE LOVE WHAT YOU DO」

このプレートを目にした時に、「これぞ私の生き方！」とまるで天からの啓示のようなメッセージを受け取り、今もキッチンの横の飾り棚に置いています。

「自分の大好きなことをやり、自分のすることをこよなく愛する」つまり、自分の想いのままに好きなことに愛を注いで生きること。

思わず、これが私の生きる道と膝を打ち、大きな重いプレートの手荷物を飛行機に乗せて意気揚々と帰って来ました。

不思議なことに、料理をしながらこの文字を目にしていると、自分が解放され、さらに幸運が舞い込んでくる気がします。

アルベルト・シュバイツァーの名言に、「もし自分のしていることが大好きなら、あなたは成功する」という言葉があります。

何から始めればよいのかわからない時は、まず自分の好きなことを充実させてみてはいかがでしょうか。

※あなたのオリジナルのアファメーションをつくってみましょう。

普段からハッピーになるような言葉を自分に掛けると、脳や全身の細胞が活性化されて、幸せホルモンが分泌され、本当に幸せを実感し、つらい時に自分を励ますようなよい言葉を送り込むと、解決策が見えてくることも……。自分の望みや願望を具体的に、ポジティブにイメージして、アファメーションをつくります。

アファメーションをつくるワーク

―自分の夢や目標を普段から繰り返し言葉にする―

（例）「私は、ナイスボディになっています」「次の試合で必ず勝っています」

あなた「　　　　　　　　　　　　　　　　　」

―朝、起きて一日を迎える時に掛ける言葉―

（例）「今日も必ずいい日になる！」「朝から絶好調！」

あなた「　　　　　　　　　　　　　　　　　」

—幸せをさらに感じる言葉—

(例)「私はホントに運がいい」「すべてがうまくいっている」

あなた「　　　　　　　　　　　　　　　　　　　　」

—ピンチを切り抜けたい時にいう言葉—

(例)「私は必ず、乗り越えられる」「リラックス、リラックス」

あなた「　　　　　　　　　　　　　　　　　　　　」

—気持ちが落ち込んでしょうがない時—

(例)「大丈夫、大丈夫」「全部プラスに変わる」

あなた「　　　　　　　　　　　　　　　　　　　　」

―眠る前に自分に掛ける言葉―

（例）「今日も素敵な一日でした」「今日もありがとう」

あなた「　　　　　　　　　　　　　　　　」

毎日のこれらの言葉掛けが、大きな力になって変化をもたらします。

ヒント5

感謝体質になる

毎日の生活の中で、やらねばならないタスクがたまっていたり、パソコンでの業務が延々と続いて時間ばかりが経っていたり、メールの返信に明け暮れていたり、家事や子育てに追われて気持ちの余裕がない時など、ついイライラして心が乱れることはありませんか。

やりたかったことが自分の思うように片付かず、「あぁ～、今日いったい私は何をやっていたのだろう」そんなふうに自分を責めてはため息をついて。そうして焦っていらついていている自分にまた自己嫌悪……。

イライラしている時には、自分のまわりの景色は見えず、きれいなものや周囲の変化にも気付かず、素通りしています。

「忙しい」という字は「心を失う」と書くのは本当だなとつくづく感じます。

そんな時は、頑張らなくていいよと自分を休ませてあげて、一旦リセット。気分転換をしてリラックスしてみてはいかがでしょうか。

自分の心が満たされた時、何気ない身のまわりの風景も美しく見え、色々な気付きがあったりします。

さらに日頃から感謝体質になっていると心に余裕ができ、痛みやストレスも上手く乗り越えられるようになります。

例えば、

「何でこんなに面倒な仕事を頼まれちゃったのだろう」と思った時でも、

「待てよ！　これをクリアすればさらに難易度の高い問題を解決できるようになる、ありがたい～」と受け止めると、パワーも湧いてきてモチベーションまで上がったりします。

心が〝ありがたい幸せモード〟でいると、浄化作用も働いて、感動する気持ちをよりたくさん持ち合わせることができるようになります。

「ありがとう」には、緊張をほぐして　エネルギーを循環させるパワーがあり、口にすればするほど、相手も自分もハッピーになる魔法の言葉です。

感謝の言葉を声に出すと、その場に心のオアシスができ、友もでき、思わぬ幸運も舞い込みます。

『深い思いやりから出る感謝のことばをふりまきながら日々を過ごす。これが、友をつくり、人を動かす妙諦である』

D・カーネギーの言葉です。

うれしいことを集めるワーク

小さなラッキー、小さな幸せを見つける術を身につけると、心がほっこり温かくなります。

今日は抜けるような青空だ　さんさんとした太陽の下でお洗濯ができて気持ちいい、何気なく通った裏道に素敵なカフェを見つけた、コンビニのレジのお姉さんの笑顔が素敵だった、今日のコーヒーは一段と美味しい、帰り道に可愛い野良猫に出会った、九百円のお菓子を買おうと思ったら、ちょうどポイントが千円たまっていた、疲れて混んでいる電車に乗ったら、運よく自分の前の席が空いた、などなど……。

探してみると、意外と一日にたくさんのよいことがあったりしてうれしさが倍増し、感謝の気持ちを書いたり言葉にすると、それだけで気持ちが穏やかになり、不安や怒りを軽減してくれます。

それでもいつも楽しいことばかりではありません。すごくムシャクシャした心境の時でも、型から入るといつの間にか心が落ち着くこともあります。

疲れを引きずったような月曜日の朝でも、「さあ、新しい一週間の始まりだ」とありがたく週のはじめを迎え入れます。

また、嫌なことがあった日でも、夜には「今日も一日ありがとう」と神棚に向かって手を合わせ、感謝で締めると、安らかな眠りにつくことができます。

このささやかな幸せの積み重ねを習慣化すると、日常から〝ありがたい幸せモード〟を醸し出すことができます。

ヒント6

目標や夢を言葉にする

私は年間に七十回くらいの公開講座や研修を行い、また自分自身も視野を広げるために多くの講座に参加しています。

その際、「これはすごい。有益だ」と感じたことも、翌日になり、一週間経つと何を学んだのか細かい内容を忘れてしまったことに愕然とする時があります。

あんなに感動したのに……。人間の記憶というのは、なんと頼りないものなのでしょう。心理学者のエビングハウスの忘却曲線といわれるものがあります。人は聞いた話を、二十分後には四十二％忘れ、一日後には七十四％を忘却する。

よい話を聞いても復習しなければ明日には七割近く忘れてしまうのだそうです。記憶に残るためには、暗記して十分後に復習、寝る前に復習、朝起きて復習が効果的だとか……。そのためにも、日頃からやりたいことや目標を言葉にして反復することが大切だと思います。

数年前、大谷翔平さんが高校時代に作成していた「目標達成シート」が注目されたことがありました。

まず、シートに自分の目的や目標を掲げ、そのテーマを達成するための要素を設定し、その要素を達成するための具体的な項目を考えるというもの。

シートの真ん中に一つの高い目標、例えば「ドラフト一位で八球団から指名されること」と書いたら、そのテーマを達成するための八つの要素、「体づくり」「コントロール」「運」「人間性」などを書き込みます。

さらにそれらを達成するための具体的な行動、大谷さんは「運」でしたら「プラス思考」「応援される人間になる」「審判への態度」などの行動を八個ずつ考えて書き入れています。

夢に向かってやれることを細かく分析して毎日のように目にすることで、日々の過ごし方が格段に上向きになり、成功をおさめたに違いありません。

また、以前にラジオの仕事で、今は亡き聖路加国際病院名誉院長の日野原重明先生にインタビューをしたことがありました。

日野原先生の言葉は、今まで私が仕事でお会いした方々の中でもひときわ印象に残り、お茶目でありながら崇高なメッセージをたくさんいただきました。

ちょうどインタビューの日は百四歳のお誕生日で、お顔はつやつやで生き生きされ、なんと百三歳で初めて馬に乗られたというお話を楽しそうにされました。

日野原先生は、ある時マルティン・ブーバーという哲学者の「新しいことに挑戦し続ける人は老いとは無縁である」という言葉を知って、歳をとって今までにやったことのないことにチャレンジするようになり、それが若さの秘訣だとおっしゃいました。

先生は毎年のように目標を立てて、新しいことに挑戦し、いくら歳を取ってもできることはたくさんあると、少年のように目を輝かせていました。

確かにまだやったことのない初めてのことに挑戦するとワクワクし、時間の流れ方もまるで違いますね。

そして、自分の幸福の喜びを何でお返しするのかを考え、誰かのことを考えるその心の持ちようがいつまでも若々しさを保っていたのです。

何かを始めるのに遅すぎることはない、日野原先生のお話を伺って、日々の生活の中に目標やゴールを設定することの大切さを知りました。

夢の実現ワーク

毎日の生活の中で、あんなことができたらいいなという欲望がフツフツと湧いていても、仕事や雑用に追われて、すぐに消えて忘れてしまうことも多いですね。

小さな願望や目標、夢を書きとめ、具体的にイメージすることで結果が変わります。

ずいぶん前に、私はライター教室に短期間通っていたことがありました。講座の最後に『十年後の私』というタイトルでエッセイを書く課題があり、その当時の迷いや悩みを織り交ぜながら、願望を思いつくまま書いたのですが、最近、そのエッセイが本棚から見つかり、久しぶりに読み返して驚きました。

当時の私の夢は、アナウンサーの仕事以外に自分の専門分野の仕事を見つける、毎年海外旅行に出かけて自己満足の写真集をパソコンで作る、ジム通いをして身体を鍛える、家の建て替えをしてバラを植える。庭で外ご飯が食べられるようにしたい、家をサロンにして友人を招きたい……、などというものでしたが、不思議なことに現在ではそのエッセイのとおり、ほとんどの願望が現実になっています。

当時は子育ての真っ最中で毎日が忙しなく、将来が不安だらけの日々で、人生の第二幕をどうしようか思い悩んでいた時期でもありました。書くという作業により自分と向き合い、自分の大切にしている価値観が見えてきて、意外な可能性に気がつくのかもしれません。想いを明確にすることで目標が練り上げられ、夢に近づいていきます。

やりたいことリスト

―あなたがやりたいことは何ですか―

肩肘を張らずに、漠然とリラックスして、ふと心に浮かんでくるものは何でしょう。

（例）家族との時間を大切にしたい。
資格を取って、次のキャリアに繋げたい。
ダイエットしたい。
本場のイタリア料理を作りたい。

「　　」
「　　」
「　　」
「　　」

―そのために必要なことは何ですか―

具体的に思いつくまま書いてみましょう。

（例）週末の食事を家族と一緒にする。
家族の会話を大切にする。
資格取得の学校を探し、無理のないスケジュールを組む。
その資格によってどんなことができるのか考える。
朝食はしっかり摂り、夕飯は控えめにする。
コーヒーに砂糖を入れず、ジュース類を控える。
イタリアに出かけて、ママンにイタリア料理を教えてもらう。

「　　」
「　　」
「　　」
「　　」

―それをするのに不安や心配なことは何ですか―

自分のやりたい気持ちにブレーキをかけているものがあれば考えてみましょう。

（例）自宅での仕事に追われている。
ゆっくり休む時間が取れない。
資格取得ための費用がかかる。
プライベートな時間が減る。
三日坊主にならないか心配。
イタリア旅行の費用の捻出。
休暇がなかなか取れない。

「　」
「　」
「　」
「　」

―やりたいことのために、工夫できるアイデアはありますか―

自分のやりたい想いが行動に繋がるような動機づけがあるといいですね。

（例）仕事の効率をよくし、なるべく自宅での作業を減らす。
あまり乗り気ではないイベントやお付き合いを減らす。
体重管理や食事習慣のチェックシートを作り、記入する。
ローマやトスカーナなどの料理教室のワークショップを探す。
美味しそうなイタリア料理のレシピをネットで探す。
年間の仕事のスケジュールを調整する。

「　」
「　」
「　」
「　」

こうして書きとめることで記憶にとどめ、自分の気持ちもワクワクし、また読み返して手直しすることで、想いや目標、夢が強くなっていきます。
そして否定的になっていることや不安なことなどを取り払い、思考へのプラスの癖づけを習慣にすると、加速度がついて目標や夢が近づいてきます。

ヒント7

自分を大切にする時間を持つ

〜毎日の生活の「余白」を大切にする〜

今は、インターネットやSNSで多くの人と気軽に繋がるようになりました。

簡単に人と繋がることができる反面、その繋がりが時には心の負担になったり、疲れてくることも多いのではないでしょうか。ネットの空間は距離感と温度がなく、また時間の感覚も薄れます。

以前は雲の上のような存在だった有名人が身近に感じられたり、不平不満があれば、すぐに携帯やパソコンで相手に苦情を伝えることもできます。また、そんなに親しくない人が呟いた投稿なのに、まるで自分のことのように感じられたり、比べる必要がないのに、いつしか自分を人と比べて落ち込んだり、見たくない投稿を目にした時のストレスも少なくありません。

気がつけば朝から晩まで、空いた時間にそうしたインターネットやＳＮＳが入り込み、一日中、緊張モードの交感神経が働いて頭を休める暇がなく、静かな時の流れを遮っているのかもしれません。

もちろん、ネットの大事な情報も必要ですが、「余白」や「余韻」といった五感で感じ取るような自分を大切にする時間もゆっくり取りたいですね。

Ｗｅｂや紙面のデザインなどにおいては、「余白」は決して無駄なスペースではなく、程よい「余白」があるからこそ、文章やデザインが生きてくるのだそうです。

余分な言葉を削ぎ落とす引き算は難しく、それは不要品に囲まれて暮らす生活を断捨離するのにも似ています。

「今日一日は、ＳＮＳをやめてみる」という解放された時間をつくってみたり、不快な情報には近づかない、やめるという選択肢もあります。

不要なものを引き算して、初めて大切なものに気がつくこともあります。

私自身は、毎日の慌ただしい生活の中で、これだけは守りたい、譲れないというものは、一日三十分の犬の散歩と一週間に二度程のジム通いです。

気ままに歩く犬の散歩では、今日はスーパーまでワインを買いに、次の日は美味しい甘味屋さんで大福を買う、またあくる日はフローズンヨーグルトのお店で一休みするなどと、食べ物目当ての散歩が多いのですが、線路沿いのネコジャラシを触ったり、オシロイバナの種を拾ったりして、犬に話しかけながら歩きます。その途中で出会う、見知らぬおばあちゃんとの他愛ないおしゃべりや、犬好きのおばさまとお互いの犬を撫で合うのが、何よりもリラックスして解放されるひと時です。

ジム通いでは、筋トレをして汗を出している瞬間は無心になり、頭の中が空っぽになりますが、意外とそんな時に直感でアイデアが湧いたり何か無性にやりたくなることが見つかったりします。

知人に、仕事が多忙でも土日は必ず一人旅に出かけるという人がいます。

週末は、スマートフォンやパソコンを片付けて、時間を忘れて思いきり自分の世界に浸るのだそうです。

少々無謀なようですが、その一人旅の準備のために仕事の効率がよくなり、無駄を省く作業ができるようになったのだそうです。休みの日を、身体を休める日にするのではなく、全力で楽しんでオンとオフを切り替えると、さぞかし充実感が得られることでしょう。

心の中にスペース「余白」をつくって、「自分の心のパーソナルスペース」を意識しながら生活していくと、今までないがしろにしていたものが、とてもありがたく豊かなものに感じられるかもしれません。

第2章

マナー、コミュニケーションの17のレッスン

Lesson 1

ウェルカムの笑顔

二〇一九年五月、新しい令和の時代が幕を開けました。

多くのメディアでも報じられていましたが、即位の礼を終えられた後の車の中からの雅子皇后の笑顔は、日本中の人を魅了する最高の微笑みでした。威風堂々として自信と愛に満ちあふれ、決意や覚悟も感じられるとびきりの笑顔。言葉を発していなくても、相手の心をとかし幸福感を与えるノンバーバルコミュニケーションの力に改めて驚かされました。

また、流星のように現れ、全英女子オープンで優勝した女子プロゴルフの渋野日向子さんの笑顔は言わずもがな、弾けるようなスマイルパワーが、瞬く間にギャラリーを味方につけ、世界中の人を魅了しました。優勝争いのゴルファーは、とかく眉間にしわを寄せて神妙な顔つきですが、渋野さんは笑顔を絶やさないことによって、自分のメンタルも常に保っているようでした。

「笑顔は一ドルの元手もいらないが、百万ドルの価値を生み出す」。デール・カーネギーの

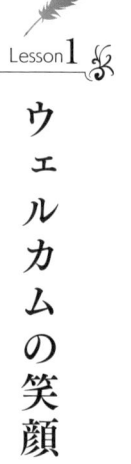

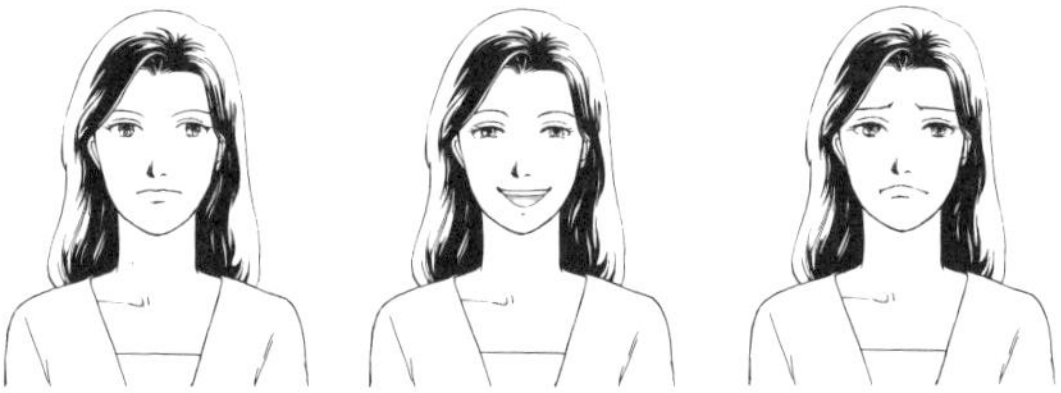

真顔　　笑顔　　困り顔

言葉のとおり、笑顔のメリットは計り知れません。

素敵な笑顔は人の心を和ませ、その場の雰囲気も変え、心の鏡として相手に想いも伝えてくれます。もちろん、そこから楽しい会話が弾むこともたくさんあります。

また、〝笑顔優位性効果〟といって、人が相手の顔を記憶するときに、真顔で〝素〟の表情の人よりも、圧倒的に笑顔の人の印象が強く残っているというデータがあります。

相手に好感をもたれたい場合には、まず「あなたを受け入れていますよ」という気持ちを込めたファーストアプローチをウェルカムの笑顔で満たすことです。

ショッピングに出かけた時、あなたは、無表情な店員さんから洋服を買いたいと思うでしょうか。やはり、朗らかで感じのよい人からモノを買いたいですね。

我が家の近所には二軒のコンビニがありますが、私自身もいつも笑顔で丁寧に接客してくれる店長さんのいるコンビニに、知らず知らずのうちに足が向いてしまいます。目や口元に、自ずと心の持ち様や人となりが表れています。

笑顔でいることにより、脳内に「ドーパミン」や「セロトニン」といった神経伝達物質のホルモンが分泌され、免疫力もアップ、ストレスも解消されて、モチベーションも上がります。何よりも自分が前向きになり、エネルギーが湧いてきます。

笑顔ワーク

「口角を上げて」という言葉は普段からよく耳にするフレーズだと思いますが、笑っているつもりでも愛想笑いにしか見えなかったりして、晴々とした、心の底からのよい笑顔をつくるのは意外と難しいのではないでしょうか。実際、日本人の八割は口角が下がっていると言われています。笑顔のポイントは、目尻が下がり口角が上がって、上の歯が八本くらい相手に見えるほど口を開くことです。

笑顔

実際に割りばしをくわえて口の開きを確認してみるとわかりやすいでしょう。

多くのお客様に応対する接客業の方や相手の顔が見えない電話オペレーターの研修、就活生の面接指導などの時に私が行うのが、割り箸を使ったトレーニングです。

一膳の割りばしを深くくわえてそのまま三十秒キープ、そして十秒外してまた三十秒キープ。これを毎日三セット行います。割りばしをくわえ、鏡で口角がしっかり上がっていることが確認できれば、口の周りの大頬骨筋・頬筋・口輪筋という表情筋がグッと引き上がり、顔の筋トレになります。

同時に「イー」と発音してみます。この「イー」の口は口角が上がる唇の形です。もちろん、割りばしなしで、「ハッピー」と口を開いて笑

紙隠し

顔の確認をするのもオススメです。

続いて、笑顔がちゃんと相手に届いているかどうか、目から下の顔を紙で隠してみましょう。口元が見えなくても、しっかり相手にやわらかな笑顔を見せていますか。

仕事の前に、お出かけ前にこのトレーニングを習慣づけると、普段から口角が上がりやすく、自然で優しい表情になり、ほうれい線やシワの予防といったアンチエイジング効果もあります。

Lesson2

身だしなみ

感じのよい第一印象を決める重要な要素として、身だしなみは印象を大きく左右する要素です。

そのためには、身だしなみとオシャレの違いを理解した上で、ＴＰＯに合わせた装いで好印象を与え、信頼関係を得ることが大切です。

身だしなみは、「他者評価」。相手を不快な気持ちにさせないように服装を整えることです。それに対して、オシャレは「自己評価」です。自分自身が楽しんで着飾り、個性をアピールするものです。

身だしなみのポイントは三つあります。

まず一つ目は、清潔感があること。洋服に汚れやシワがないか、クタクタの靴を履いていないかなど。

二つ目は機能性です。仕事がしやすく、動きやすいものを身につけます。ジャケットなどは自分の体型に合わないハイブランドのものよりも、ロープライスでもきちんとサイズが合ったものを着るようにしましょう。

三つ目は、調和です。企業や職場、その場にふさわしく、溶け込むような服装を心掛けます。ビジネスシーンでは、職場の規定に準じた服装で、女性は肌の露出に気をつけ、ノースリーブで二の腕を見せることのないように、お客様や取引先を意識した一般的なコーディネートが無難です。

メイクも、ノーメイクはNG、ナチュラルメイクを心掛け、派手な色の口紅やテカテカグロス、目立ちすぎるアイメイクは避けます。

特に女性は前髪が目にかかっていると、暗い印象になりがちです。ワックスを馴染ませてサイドを後ろに流してピンで留めたり、長い髪はヘアアクセサリーですっきりとまとめるとよいでしょう。

男性は、上着のボタンは上だけ留めます。靴が汚れていたりカカトがすり減っていると、疲れてだらしない印象を与えます。アクセサリーやメガネなどの装飾品もシンプルなデザインで、その場に合ったものを選びましょう。

以前に、知人の自動車の営業マンが取引先の社長の会社を訪ねた際、髪はボサボサ、上着のボタンも外して出向いたら、社長に、

「君の服装を見ていると、車のネジまで緩んでいるような気がするよ」と一喝され、商談がまとまらなくなってしまったそうです。自分の身だしなみが自社の商品のイメージをも下げてしまうのですね。

また、仕事のミスをして謝罪に出かけたAさんは、その日慌てていたためにネクタイが緩み、ズボンからシャツが出たまま、謝りに出向いたところ、取引先に「誠意がない」と受け入れてもらうことができませんでした。

言葉を発する前に、外見に人となりが表れてしまうのです。

身だしなみがきちんとしていると、それだけでセルフマネジメントに長けた人だと思われます。何よりも、相手に安心感と誠意を与える装いを心掛けたいです。

身だしなみチェックワーク

男性編

・髪は清潔でフケがありませんか
・ひげや鼻毛の手入れはしてありますか
・メガネのレンズはきれいですか

・香水はきつくありませんか
・洋服の素材やデザインはＴＰＯをわきまえていますか
・爪は短く手入れができていますか
・靴はきれいに磨いてありますか
・時計や装飾品は派手すぎませんか
・洋服のほつれ・しわ・汚れはありませんか

女性編
・髪は清潔でフケがありませんか
・靴はきれいに磨いてありますか
・洋服の素材やデザインはＴＰＯをわきまえていますか
・前髪がお辞儀をした時に顔にかかりませんか
・メイクは自然で健康的ですか
・時計や装飾品は派手すぎませんか

・香水はきつくありませんか
・洋服のほつれ・しわ・汚れはありませんか
・爪は長すぎず、マニキュアの色が派手すぎたりハゲていませんか

Lesson3

笑顔、アイコンタクト、挨拶のセット

～相手のよいところ探しをすると、自分の口角も上がります～

日頃の企業研修では、会社や病院、介護施設、弁護士事務所など様々な職種・業種の企業に出かけます。たいてい、入り口を入ってフロアを通された時の空気感で、その職場の風土がそれとなく伝わってきます。

感じのよくない職場は、お客様が社内に入っても社員が無表情。挨拶もなく、何事もないように淡々と仕事を進めています。デスク周りも散らかって雑然としているところが多かったりします。

それに対して好印象の職場は、まず入り口で対応してくれた方がウェルカムの笑顔でお出

迎え、廊下ですれ違うスタッフもにこやかに会釈をしてくれて友好的です。社内もスッキリ整理整頓ができていて清潔です。

この段階で空気がやわらかくほぐれて、心が和みます。商談を進める時は、前向きに取り組めそうな期待感も生まれて、モチベーションもアップします。好印象の職場は何が違うのでしょうか。いつも思うのは、お客様を迎え入れる準備ができている、「心が整っている」のです。

心を整えるために特に研修で欠かせないのが、笑顔とアイコンタクトです。

笑顔の大切なことはお伝えしましたが、せっかく素敵な笑顔ができても、アイコンタクトがないと、自分の気持ちが相手の心に響きません。どうしても事務的で素っ気ない対応になってしまいます。日本人は特にアイコンタクトが苦手、相手の顔を見て話をするのが照れ臭いと感じる人が多く、逆に相手から目を凝視されてもつらいですよね。当たり前のようでいて、なかなか実践できていない人が多いようです。

「目は口ほどにものを言う」ということわざのように、アイコンタクトは、非言語でもしっかりと相手の心の中に、誠意や心遣い・やる気・信頼・自信などを伝えます。

時には言葉よりも重要。相手を惹き込み、ポジティブな印象を与えます。

役者さんに「目ヂカラ」が必要なのは、言葉がなくても、いかに様々な機微や感情を観客に表現できるかが大切だからでしょう。

効果的なアイコンタクトは、相手の目元をしっかり見るよりも、上は眉毛のあたりから下は鎖骨のあたり、男性ならばネクタイの結び目あたりまでの逆三角形の視線ゾーンに、軽く目線を落とすと自然なアイコンタクトができます。

挨拶をする時も、物を渡したり受け取る時も、このアイコンタクトを欠かさず行うと、相手を大切にしている想いが伝わり、印象が格段にアップします。

研修のロールプレイングで、受講生に笑顔とアイコンタクトと「ありがとうございました」の挨拶の言葉掛けを実践していただくと、大抵の人は、

「先生、今まで私、相手を見ずに気持ちを込めて言葉を言っていませんでした」

「本当に相手の心に響く言い方をしていません

でした」と言われることが多いのです。ちょっとしたことですが、おざなりな声かけが無意識に身についていることが多いようです。

このアイコンタクトと笑顔と挨拶は、いつもセットで！　これらを意識して人と接すると、よりイキイキと活力のある際立った人に見られるのは間違いありません。

レストランやコンビニ、デパートの売り場のスタッフの接客を意識して見てみると一目瞭然、どんな対応が感じがよいのか、たちどころにわかります。

そして、前述で割り箸をくわえての笑顔トレーニングを紹介しましたが、その他にも自然な笑顔をつくる方法があります。

一言ほめワーク　～相手のよいところ探しをすると、自分の口角も上がります～

私の研修では、はじめに笑顔づくりをした後に、「ほめワーク」を行います。

二人一組になって向かい合い、お互いに相手の素敵なところをさりげなくほめます。アイコンタクトの視線ゾーンを意識して、例えば、

「ブルーのシャツが夏らしくて爽やかですね」とか、

「いつもニコニコして感じがいいですね」など。

コツは、ただ漠然と「素敵ですね」と言葉を発するのではなく、一瞬にして相手のよいところをとらえること。嫌味のないように、好意的でにこやかに。そしてほめられた人は、「いえいえ、そんなことはありません」と相手の言葉を否定するのではなく、「ありがとうございます」「ちょっと照れくさいのですが、うれしいです」と相手の言葉を受け止めます。

相手の方がせっかくほめたのに、その言葉をないがしろにされてしまうと、がっかりしてその先のフレーズが出てこなくて戸惑ったりします。うれしい気持ちを素直に表現してほめられ上手になると、会話もさらに弾むでしょう。

この「ほめワーク」を始めると、緊張感のある部屋の中もいっぺんで賑やかに、空気がやわらかくなって温まります。ほめられた途端に、人は自然と笑顔になっています。

男性が女性をほめる時には、目や顔だちの美しさを讃えるよりも、所作や何かに対応する時の意識や姿勢などをほめたら、女性は喜ぶと同時にやる気も出てくるかもしれません。

相手から「あなたの話を聴いている時の姿勢が凛として素敵です」などと言われたら、自分の何気ないところにも気付いてくれていると新たな発見もあり、気持ちがよくなります。

そして何よりも、ほめているあなたが満面の笑み！　相手のよいところを探していると、自然と目尻が下がり口角が上がって、理想的な笑顔になっているのです。

「いいなぁ」という前向きな心が自ずと顔に出るのですね。

「ほめる」行為は、実際、医療現場でも国際研究が行われました。

アメリカや日本などで、脳卒中の患者さん約百八十人に歩くリハビリをした際、「ほめられた」患者さんは「ほめられなかった」患者さんに比べて、歩くスピードが大幅に速くなることが認められました。

ほめられて気持ちいい感覚が脳を刺激してやる気を起こさせ、改善に繋がったとも言われています。

好印象を与えるポイントは、会った瞬間に相手の素敵なところを三つ見つけること。そしてできればそのうちの一つをさり気なく言葉にしてほめてみます。

「あなたが大好きです、お近づきになりたいです」という気持ちが自然と身体中から醸し出されて、相手にも好意的にその気持ちが伝わるでしょう。職場や、サークル、習い事などの場でも、ほめ合う風土があるとプラスの空気感が生まれ、笑顔と活気が満ちてモチベーションも上がります。

ちょっとした気付きも言葉にしてほめて相手に伝えることが大切です。

心に響く挨拶

挨拶は日頃、当たり前のように行なっているルーティンワークですが、さり気なく、そして相手の印象に残る挨拶は意外に難しいのではないでしょうか。

会社の組織においては、初対面で会った時の社員の挨拶の仕方で、その会社のイメージが決まってしまうほど、重要なポイントでもあります。

一つ一つ心に響く挨拶ができるだけで、人生が変わるほどの豊かな恩恵に預かる人もいます。挨拶の言葉の中には、キーワードが隠れています。

「あいさつ」の「あ」は、明るく。せっかく挨拶をしても暗く小さな声だったり、相手の顔を見ないような挨拶でしたら逆効果、素っ気ない、残念な挨拶になってしまいます。明るく、柔らかな声で相手に話しかけます。

「あいさつ」の「い」はいつでも。気がつかないフリをするのではなく、道で会ったら「こんにちは」、廊下ですれ違った時には「失礼します」などと肯定的なストロークをすることによって、相手に心地よい空気を届けます。

「あいさつ」の「さ」は先に。挨拶は先手必笑。相手が年下だからなどという、年齢や肩書きの上下関係は抜きにして、まずは自分がピッチャーになって、ボールを投げてみることです。相手が挨拶をしてくれなくても気にせず、挨拶を返してもらったらラッキーというくらいの気持ちで声かけをしてみます。

「あいさつ」の「つ」は続けて。「こんにちは」の後に、「今日は肌寒いですね」とか、「昨日はお疲れ様でした」などと一言掛けることによって、相手に安心感を与えたり、コミュニケーションのきっかけになったりします。相手との関係性によっては、最近お世話になったこと、パーソナルな出来事を思い出し、その場でお礼や労いの気持ちを言葉にするように心掛けます。

キャビンアテンダントをしていた私の友人が機内で仕事をしていた時、ファーストクラスのお客様はおしなべて、こちらの挨拶に対して無反応ということはなく、新聞を読んでいても手を止めて、笑顔で「ありがとう」という感謝の気持ちを伝えてくれるのが常だったということです。

こちらが相手の心に届く挨拶をすれば、相手もまた自分に応えてくれ、その気遣いがまた頑張ろうというモチベーションに繋がったのだそうです。

たった一言でも、挨拶というのは心の中によい循環をつくってくれます。

気持ちのよい挨拶があると場が温まり、そこから雑談が始まって親密度がアップすることもしばしば。あの一瞬の出会いが運命を変えたというめぐり合わせも人生にはあったりします。

それに対し、はじめに挨拶をするタイミングを失ってしまうと自分自身もモヤモヤして違和感を覚え、自ずと相手に対して疎遠になったりします。

同時にそれは、これから広がるかもしれない多くのご縁のチャンスを逃すことにもなります。それだけではありません。自分には他意がなくても、相手に「気が利かない人だな」「消極的な人だな」などと思われて誤解を招いてしまったら損ですね。

気持ちのよい挨拶によって、自分の身を助けられ、人生が大きく変わった人もいます。

ある芸人がまだ駆け出しの頃、浅草の劇場で雇い主から、

「芸が下手だから芸人には向かない。職業を変えた方がよい」と言われたことがあったそうです。けれどもその時に周囲から

「彼の挨拶は快い。やめさせないで」と庇護する声が上がり、無事首の皮が繋がったというエピソードがあります。

その人こそ、コメディアンのスーパースター、欽ちゃんこと萩本欽一さんです。「芸」が身を助けたのではなく、「挨拶」が身を助けて、その後才能が開花したなんて驚きです。挨拶、恐るべしです。

Lesson4

上品なお辞儀

知人の会社経営者が社員を採用した時に、面接に来た女性のお辞儀が端正できれいだったので、一瞬でその女性に働いてくれるよう心が決まったという話を聞いたことがあります。お辞儀のよさ一つで心もきれいに見えるので、美しいお辞儀を好む社長はとても多いようです。

また、旅行で飛行機に乗って、目的地に着いて機内から退出する際に、キャビンアテンダントの方が整列して一様に微笑んでお辞儀をして下さる瞬間はとても気持ちがよく、旅先でのテンションも上がります。

きれいなお辞儀をされると、その場の空気も清々しくなり、相手の心からの気持ちがにじみ出て、こちらも晴れやかな気分になります。キャビンアテンダントのような上品なお辞儀を身につけると、パーティーやイベント、仕事でも、物おじせずに堂々と振舞うことができるようになり、自信もみなぎってきます。

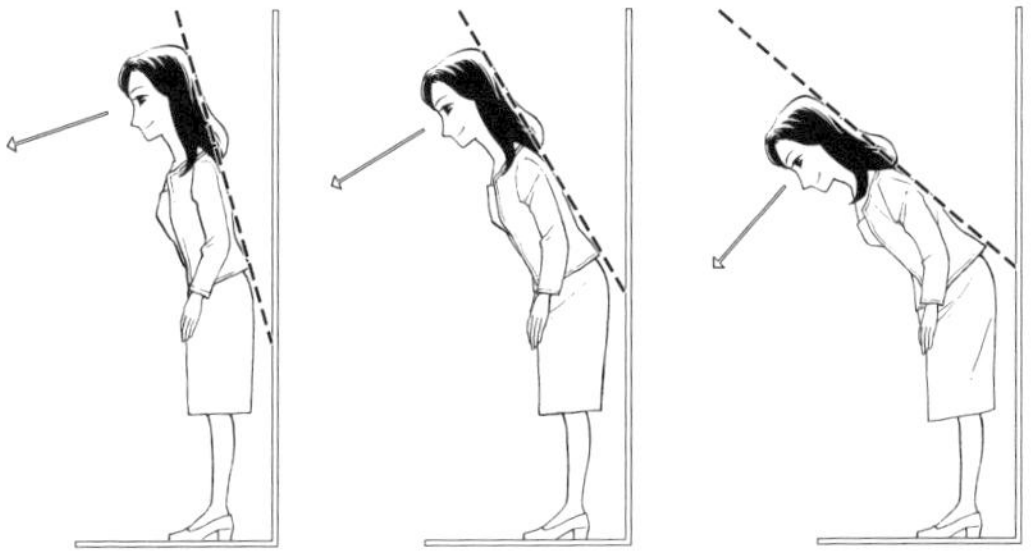

会釈　　敬礼　　最敬礼

コツをおさえると、誰でも美しいお辞儀ができるようになります。

日本人ならば、人との出会いに挨拶とお辞儀はつきもの。そもそもなぜ、頭を下げて身体を倒してお辞儀をするのかと言いますと、頭は自分の急所、両手を下げてその急所を見せることによって無防備になり、あなたに敵意はありませんよという気持ちを表します。

お辞儀には三種類あります。道ですれ違った時などに軽く十五度くらいに浅く身体を傾ける「会釈」と、会社や人と会った時に挨拶をする一般的な三十度の「敬礼」、深くお詫びをしたり、心から感謝の気持ちを表したい時に深々と頭を下げる四十五度の「最敬礼」です。

美しいお辞儀をするには、まずよい姿勢から始まります。

かかとを揃え、つま先はこぶし一つくらい開けて足をVの字に開き、膝と膝をつけてお尻に力を入れて背中が丸くならないように胸を張って立ちます。

顎を引いて、男性は中指をズボンの横の合わせ目に軽く添え、（業種や会社の方針にもよりますが）女性は右手の上に左手を乗せ、卵を包むように優しく重ねます。

大事なことは、頭をぺこりと下げるのではなく、腰と背中と頭を一直線にして、腰からスムーズに身体を倒すことです。身体を傾けた時に、お尻を突き出すようなイメージです。ただ頭を下げただけでは相手に想いは伝わりません。

ポイントは、普通の敬礼のお辞儀ではさっと身体を傾けて二秒止め、この時、相手に対する想いを念じます。そしてゆっくり上体を起こすことです。動作がのんびりしているお辞儀は、相手をイライラさせることもあるので、お辞儀のはじめは素早くキビキビと身体を倒します。

一つ一つの所作のメリハリが決め手です。

そして、最初と最後はアイコンタクトとにこやかな笑顔を添えて、TPOに合わせて深さと静止する秒数も変えます。

お辞儀には、挨拶をしながらお辞儀をする「同時礼」と、挨拶をした後にお辞儀をする「分離礼」があります。カジュアルな挨拶の時には略式の「同時礼」、改まった時の挨拶には「分離礼」をすると、相手の方にアイコンタクトもしっかりできて、好印象を与えることができるでしょう。

お辞儀の四つのステップ
一．アイコンタクトと笑顔を忘れず、姿勢よく立つ
二．腰と背中と頭を一直線にして、腰を中心に上体を倒す
三．それぞれの角度でピタッと止め、想いを念じながら上体をゆっくり上げる
四．上体を上げたら、もう一度アイコンタクトと笑顔

お辞儀だけではなく、視線や表情も大切です。感謝や挨拶をする時にはにこやかな笑顔で、謝罪の時にも視線を外さず、申し訳ないお詫びの気持ちを込めた顔つきを表します。
相手の方に挨拶や謝罪をする際、何度も頭をペコペコ下げるよりも、姿勢よくきちんと頭を下げて止めるお辞儀をした方が、格段に相手に誠意が伝わります。

Lesson5

雑談マジック

初めての方に会う時や商談の時、あるいは結婚式の披露宴やパーティーなどで見知らぬ人に会う時、ちょっとした雑談が誘い水となって会話が大いに弾むことがあります。

仕事でインタビューをする時など、初めてお目にかかる方にいきなり本題に入ってしまうと、あまりにも唐突で、相手の本音を引き出すことはなかなかできません。

そのためにも雑談・アイスブレイクは欠かせません。お天気の話やお身体の具合、お時間を作ってくれたことに対する感謝や労いの言葉など、ほんの少しの雑談が相手との距離を一歩縮めて、大きな話に発展することもあります。

その時の話し方から相手の心情や性格なども伺い知れて、その後のコミュニケーションがうまく進んだりします。時には、何気なく言った一言で、瓢箪から駒、相手の方が何十年も会っていなかった私の友人と親しかったことがわかったりして、その時のワンフレーズ、ワンアクションがその後の人生を変えてしまうような不思議な巡り合わせを体験したこともありました。

また私は、ネイルサロンや美容院などを利用する時、施術をして下さるスタッフとの何気ないお喋りが心地よく、リラックスできるかどうかがお店を選ぶ決め手になっています。特に私の行きつけのボディケアの治療師は、技術もさることながら、その人気の秘訣は、抜群の雑談力でお客様を惹きつけ、楽しませてくれます。

顧客がたくさん付いているスタッフは、リラックスできる雰囲気づくりがとても上手です。お客様のその時の状態や気持ちを察し、いかに程よく歩み寄って安心してもらえるかを心得ているのです。

またお客様も、自分の他愛ない話を聞いてもらうと心も元気になって二倍に得した気分になり、施術だけではない期待以上の満足感を得られることができます。そんな雑談ができたらリピーターの数は格段に違ってきます。

たかが雑談ではなく、心をつかめる信頼関係を築いていけるのが雑談力です。

雑談は、何も大げさなことではありません。ほんの数秒の出会いでも、相手にしっかり印象付けることができます。

例えば、宅配便の配達員の方の一言でも、その方の感じのよさ、歩み寄り方で親近感がまるで違ってきます。

我が家ではメスのミニチュアダックスを飼っていて、天気のよい日は庭に犬を放し飼いにしています。老犬ですがまだ犬が若かった頃は、宅配便の担当者が来ると、牙を剥き出しにして吠えまくりました。娘たちがネット通販でよく買い物をするので、家には週に何度も宅配便の方が荷物を届けに来ます。

興味深かったのは、それぞれの運送業者が三者三様の対応なのです。

A社の若い配達員は、犬がガオガオうるさく吠えまくっても冷静で無表情。何事もないように「はい、宅配便です」と、律儀でマニュアルどおりに品物を渡します。忙しそうなので、こちらも余計なことを言わずに「はい、ありがとうございます」とあっさり荷物を受け取ります。マニュアルトークは気持ちがこもっていないと、相手に瞬時に見抜かれてしまい、心理的距離はなかなか縮まりません。感情を伴った、心からの言葉が伝わってこないのです。

B社の年配の配達員は、犬は好きですが吠えまくる犬にいつも苦笑して来られます。「いやぁ、よく吠えるね～」。とても親しみやすいのですが、「すみません、毎度うるさくて……」とこちらは平謝りしながら宅配便を手にします。なんだか気まずいような言葉から会話が始まります。

ところが、C社の配達員は犬が大好き！　牙を剥き出しの我が家の愛犬に対し、「いつも僕のことを歓迎してくれてうれしいなぁ」とニコニコしながらやって来ます。

「こんなに吠えてるのに、そんなふうに言っていただいてありがとうございます」

「今日のバニラちゃんの洋服も夏らしいですね」とそこから犬談義が始まり、実に朗らかに愛犬をほめてくれるので、彼が来た途端、花が咲いたように心の扉がパーッと開きます。心からの気持ちが私に届くのです。

雨の日は「バニラちゃんが庭にいなくて寂しいなぁ」と気にかけてくれ、そんな楽しいやりとりが毎回あり、夏の暑い日にはその宅配便のお兄さんに「お疲れ様」と思わずペットボトルのお茶をあげたくなりました。仕事を楽しみ、お客様との一期一会を大切にして、愛情表現がとびきり上手。人の心を掴むのがとてもうまいのです。

それぞれの宅配便の方の我が家への滞在時間は、ほんの数十秒。宅配便の方からすると、私は何百人もいる顧客の一人に過ぎないのですが、でもこの僅かな時間にとても心地よい風を吹かせてくれるC社の配達員の接遇は、まさにおもてなしの心があると感じました。

残念なことに、今はそれぞれの会社の配達員が変わってしまいましたが、家族全員が好感を持ったあの配達員の接遇と雑談力は、今でもはっきりと印象に残っています。

そして有名な話ですが、タレントの志村けんさんは、仕事をする時は若手のタレントよりも早く仕事場に入り、決して遅刻をしないそうです。

その理由は、「遅刻して『すみません』という言葉で一日を始めたくないから」だそうです。確かに謝罪から入るとその気持ちを引きずって、楽しい雑談を交わすようなテンションにはならないかもしれません。そんな謙虚な大御所の志村けんさんの名セリフには脱帽です。

Lesson6

共感力

すごく楽しい体験をしたのに、相手のたった一言でがっかりして、心の距離を置いてしまったことはありませんか。

私自身も「人には様々な意見や感じ方があるのだ」ということを容受するまで、自分の考えを言いたいがために、無意識に相手の気持ちを逆なでするような言葉を使っていたことがありました。

仲は悪くないのに、昔からなぜか苦手な友人がいました。たわいない雑談や楽しい話をしていたはずなのにその友人と会うたびに、ちょっとモヤモヤして後味が悪くなって帰って来ることが多かったのです。だからと言って決して悪い人ではない、いいところがたくさんある人なのですが……。

その理由は、ずっと後になって気が付きました。話の途中で「だって」「でもね」「いや」という否定的な言葉で話が遮られることが多かったからです。

「○○ってメチャクチャ、カッコいい、あの身のこなしがいいわ〜」

「でもね、女たらしで家庭は散々らしいよ」

「私ね、今度ゴルフを始めようと思っているの」

「でもそれ、道具を揃えるのにお金かかるし大変じゃない？」

ちょっとした会話を遮られて折角の楽しい会話が思うように弾まず、そこそこの雑談で着地していました。

自分の話に、少し水を差される様な〝合いの手〟が入ると、時には「この人にこのままこの話を進めていいのかな？」「だれかに伝わって、けなされちゃうかな」と疑念まで生じることがあります。

居心地の悪い空間は、会った後に後味の悪さや妙なわだかまりを感じたり、胸の中がもやもや、釈然としないことがあるかと思います。

逆に楽しい会話は、「そうそう」「それで?」「すご～い」といった相づちや共感でどんどん思わぬ方向に話が広がっていきます。

話しているうちに自分も興奮してアドレナリンが出て喉がカラカラ、テンションも上がって身体まで熱くなってきます。「私も○○が好き～、あの映画の刑事がはまり役だよね」「ホントホント、キューンとする」というように……。ここでは、会話を楽しくするための「相づち」や「共感の仕方」をご紹介します。

口癖にしたい言葉とは

研修をしていてこんな質問を受けたことがありました。

「医療機器メーカーに勤めていますが、クライアントが医師で、専門的な話になると『はい』しか答えられなくて困っています」

親しい間柄ならともかく、相手の方の難しい話になると、つい躊躇して答えに詰まってしまうことがありますよね。

また、初対面の方と話をしなければならない時に、上手い言葉が見つからずに妙な沈黙ができて緊張感が倍増したり……。

でも、無理に何か話そうとしなくても大丈夫です。そんな時は「おうむ返し」・「要約の相づち」・「感情の相づち」といった三つの相づちをタイミングよく挟むと、それだけでも相手を心地よくして会話が弾みます。口下手な人ほど、相づちを上手に使えば、取引先との関係も良好になり、スムーズに会話が進みます。相手が安心し、信頼して心を許してくれるからです。私がラジオの仕事でインタビューをしていた時も、この三つの相づちを挟むことによって、ゲストを立てて話を引き出して膨らませることができ、「あっ、そういえば」とゲストの方の気分が高揚し、思わぬ本音やエピソードが飛び出すことがありました。

三つの相づちの「おうむ返し」は、相手の言ったことをそのまま復唱することです。

相手「昨日、急いで会社に行こうとしたら、電車の中に大事な書類を忘れちゃったんですよ」

自分「まぁ、大事な書類を電車の中に忘れたのですね」これはキーワードをリピートすることにも繋がります。

「要約の相づち」は、相手の話したことを言いかえたりまとめて確認することです。

相手「十分くらい前に洗濯機が故障して、そちらのメーカーに電話を入れて、その時に応対してくれた人が、確認した後に電話をくれるって言っていたのに、まだかかってこないんですよ……」

自分「担当者からの故障についての折り返しの電話がまだかかってこないのですね、お待たせして申し訳ありません」

こんなふうに言いたかった言葉が端的に返ってくると、「そうなの、そうなの」と自分の思いをわかってくれたという安心感に繋がります。

そして、「感情の相づち」は、相手の感情を推し量り、共感を込めて伝え返すことです。

相手「昨日すごく観に行きたかったアート展に出かけたんだけれど、予想以上の人気で混雑していて、結局断念して帰って来ちゃったの」

自分「行きたかったアート展に行けなくて、それは残念、ガッカリですね」

特に話を聴く時には、その人が今どんな気持ち、どんな状態なのかをイメージしてみます。急いでいるのか、気持ちがいいのか、困っているのか、つらいのか。話の中に感情を表すキーワードが出てきたら、タイミングよく、相手の気持ちに寄り添います。

「それは焦りますね」「それはうれしいですね」「それはさぞお困りだったでしょう」「そんな状態だったらしんどいですね」など。その後を先回りしたり解決法を話すのではなく、まず立ち止まって気持ちを分かち合う、この共感力こそ、相手が心を許して信頼関係を築く一歩になります。

相手の話すことに、相づちもなく薄い反応をすると、「興味がないのかな」「機嫌が悪いのかな」と相手がマイナス感情を持つようになり、話す気力が萎えてしまうかもしれません。

丁寧に相手の言葉を拾って寄り添っていくだけで、「きちんと話を聞いていますよ」という安心感を与え、相手との距離が縮まり、立派に会話が成り立ちます。

上手な相づちを打つと、それだけで相手の心を開かせ、思いがけない話を引き出したりすることができます。

また、親しい人と話をする時は、もっとカジュアルに少し大げさなくらいのリアクションがあると、うれしい時には楽しさが倍増したり、つらい話の時は痛みを分かち合ってくれたと、相手の心が軽くなるでしょう。

例えば、同意をしたり驚く時には、「わぁ～」「さすが」「すごい」「素敵」「ホントに?」など、自分の率直な思いを言葉にします。手をたたいたり身を乗り出したりするボディランゲージも親近感が湧きますね。

同情する時には、「それは悲しいよね」「お気の毒に」「お察しします」このようなフレーズがやさしく入るだけでも、相手の心の負担を少し軽くすることができるでしょう。

また、相手の話を聴きながら、疑問や展開・転換をする時には、「それで?」「それから?」「ということは?」「つまり」「そういえば」。こんな言葉を挟むと、会話がますます弾みます。

「話し上手は聴き上手」ということわざのとおり、聴き方に気を配れば相手の反応も変わり、コミュニケーションの苦手意識がなくなる方も多いようです。

Lesson7

プラス言葉

〜感じのよい人は、きれいな言葉を遣っている〜

きれいな言葉遣いでお手本にしたい方に、スポーツジャーナリストの増田明美さんがいらっしゃいます。優しく心地よい声も好きですが、読売新聞での増田さんの「人生案内」を読むと、相談者に丁寧に寄り添い、相手の長所をほめて、未来に前向きに導くアドバイスが素敵だなといつも思います。

何より、プラスの言葉掛けが相談者を勇気付け、読者の私もその言葉に心がほぐれていくのを感じます。

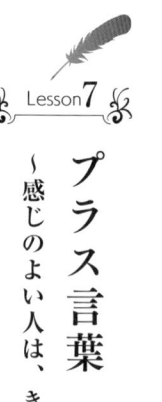

プラス言葉とは、「うれしい」「おもしろい」など、明るく優しく、エネルギーをもらえるような言葉です。

それに対してマイナス言葉とは、「面倒くさい」「厄介だ」など、一言で言えば人を不快にさせる言葉。その言葉を聞いた途端に、やる気や元気がなくなったり、心がモヤモヤするような愚痴や不満もマイナス言葉です。意外と普段から気付かずに使っていることが多いかもしれません。

プラスの言葉には、大きなパワーが秘められていて、この言葉の持つ力を利用してストレスを解消し、運を切り拓いた方もたくさんいらっしゃいます。

医学博士の佐藤富雄さんによりますと、脳の中心部から脊髄にかけて一繋がりに続く長い神経、「自律神経系」は、全身の健康状態をくまなくコントロールしている司令塔で、面白いことに口から出た言葉に敏感に反応し、無条件に従ってしまうのが大きな特徴だそうです。「自律神経系」は口をついて出た言葉をもれなくキャッチして意味を読み取り、それにより心臓の鼓動や呼吸、血圧、消化吸収、発汗による体温調整などと言った諸々の機能を司り、体の変化まで起こしてしまいます。

「すっきり爽快だ！」と言われればその言葉どおりの爽快感を身体で実感できるようなよい化学反応を促し、「疲れが取れない」と言われれば、言葉どおりの蓄積疲労を実感する悪い化学反応を促します。

こうしたコントロールが毎日のように私たちの身体の随所で絶え間なく行われています。

確かに以前、ジャズ・トランペッターの日野皓正さんにお話を伺った際、たった十分ほどのインタビューだったのに、「世の中は今、大変なことも多いけれど、音楽を通じて泥沼のような世界の中にハスの花を咲かせたい」といった熱い想いを聞き、私自身が感動してサウナに入ったように体が熱くなり、興奮して帰って来たことがありました。

人を奮い立たせるようなパッションを持った力強い言葉には、心と身体を活性化させる作用がありました。

こうした身体のメカニズムを知ると、日々の何気ない言葉がいかに大切で、前向きな言葉を話した方が心身ともに健康になるということが自ずとわかります。

例えば、朝、急いで出かける時も、「もう時間がない」ではなくて、「あと五分ある」と言い聞かせると、気持ちが穏やかになり落ち着いて支度ができます。

未来を先取りするよい言葉を唱えると、心が後からついて来て、口から出た言葉が脳に記憶され、その後の人生の設計図にもなってしまうのです。

プラス言葉変換ワーク

何気なく言っているマイナス言葉も、クイズ感覚でプラスの言葉に置き換える習慣をつけると意外と楽しく、言葉遊びをしているようです。

答えは一つだけではありません。変換しているうちに、どんな言葉もプラスに変えられるようになり、自分自身への勇気付けにもなります。マイナス言葉を減らしてプラス言葉が増えると、コミュニケーション能力がアップして、仕事の商談がスムーズにいったり、和気藹々と楽しく過ごす仲間が増えること間違いなしです。


「暗い人」　→「落ち着いた人」

「自己主張の強い人」　→「ご自分の意思があって素敵な人」

「大人しい人」　→「上品で控えめな人」

「落ち着きのない人」→「とってもアクティブな人」

「弊社は日曜日は営業していません」→「私どもは日曜日は定休日ですが、土曜日でしたら午後七時まで営業しています（または、ＨＰからもお問い合わせいただけます）」

「決まりですのでそちらのサービスはできません」　→「申し訳ございません。あいにく○○はいたしかねますが、○○ならお求めいただけます」

「それ間違っていますよ」↓「私も間違えそうになるのですが……。（または、説明がわかりづらくてご面倒をおかけします）」

「きちんと報・連・相してくれないと困るんだよ」↓「伝えてくれるとこちらもフォローできるのに」

「お料理がなかなか来なくて遅いね〜」↓「早く来るといいね」

「明日までに、やらなくてはいけない」↓「明日までにやりたい」

「毎日雨ばかりで鬱陶しいね」↓「梅雨明けが待ち遠しいです」

「後でどうなっても知らないから」↓「努力して改善していこうよ」

「散らかしちゃダメだよ」　↓　「そこが片付くとスッキリして気持ちいいな」

こんなふうに、日常会話もプラスに変換して話をすると、さらに楽しい会話が弾みます。

Lesson8

マイナスプラス法
～同じことを話しているのに、話の印象がガラッと変わる～

〝人に好かれる話し方のコツ〟に、「マイナスプラス法」という会話術があります。

ネガティブなことを話していても、最後にはポジティブな言葉で締める技法です。例えば、「おいしいフランス料理のお店があるのだけれど、少し遠いのよね」と言われるのと、「少し遠いのだけれど、おいしいフランス料理のお店があるのよ」と言われるのとでは、どちらが食べに行きたくなるでしょうか。最後に「遠いのよね」というネガティブな言葉で終わると、少し気持ちが削がれてしまい、「おいしいフランス料理のお店があるのよ」と言われた後者は、期待感が高まってワクワクしてきませんか。言葉の並べ方を変えるだけで、相手に与える印象も変わります。終わりよければすべてよしです。この「マイナスプラス法」は、営業トークの時にも大いに利用できます。

例えば、「こちらのセーター、長持ちするのですが、お値段は少々高めです」よりも、「こちらのセーター、お値段は少々高めですが、長持ちしますよ」と言われた方が、お客様は購買意欲をそそられて、前向きに検討したくなります。

営業マンや販売員に、商品やサービスのメリットばかりを言われると、少し胡散臭い気持ちになりますが、欠点やマイナス面もあらかじめ提示してもらうと、後でデメリットを聞いた時よりも驚きが緩和され、クレームにもなりにくく、信頼できますね。会議や打ち合わせで自分のアイデアを出す時にも、この「マイナスプラス法」で話を進めると受け入れられやすくなります。

悩みごとや辛いことがあってネガティブな話をしていても、最後にプラスの言葉で締める習慣をつけると、会話全体がプラスの印象になり、自分ばかりか周りの人をも明るい気分にさせてくれます。

けれども日頃の会話の中では、何気なく「プラスマイナス」で話していることが多いかもしれません。

「昨日のイベント、とてもよかったけれど、ちょっと時間が長かったよね」と言うと、聞いた相手は、少し不満だったのかなと気になるかもしれませんが、

「昨日のイベント、ちょっと時間が長かったけれど、とてもよかったよね」と話された方が心地よく、その人の印象度もアップします。

ただし、この「マイナスプラス法」、人をほめる時には「プラスプラス法」がオススメです。「見た目は老けているんだけれど、声は若いよね」と言うと、イヤミを言われているようですが、「ショートも似合うけれど、ロングヘアもいい感じ」となると、相手に思いやりも伝わります。何気ない会話でも、後味のよいポジティブなほめ上手になりたいですね。

Lesson9

プラスの一言

～前向きな言葉と感謝を込めて、文章はプラスの言葉で締める～

相手とのやり取りがＳＮＳやメールが主流となって久しいですね。

相手の顔も知らずに、メール連絡だけで仕事の用事を済ませることも日常茶飯事です。いただいたメールの返信を早くしなければと焦り、文面をしっかり読まずに早合点したメールを送ってしまったり、誤字に気付かず慌てて送信してしまい、お詫びメールを送ったりして、そそっかしい私はメールの失敗も数知れず……。

とても便利なツールですが万能ではなく、私はあくまで業務連絡の略式な伝達方法だと思うようにしています。

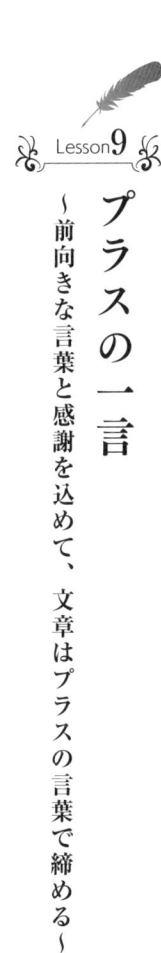

なぜなら、必要な事柄を伝えたつもりでも、相手に自分の意図が明確に伝わっていなかったり、時には相手の反応がわからないままお互いに勘違いして「言った」「言わない」という行き違いになってしまうこともあったりするからです。

メールでは直接会って受け取る時の言葉の温度や細やかなニュアンスが上手く伝わらず、無機質になりがちで、否定されると〝負の感情〟を生み出し、いかようにでも思い込みで悪くとらえられてしまうことも……。

メールの場合は、相手に対する「指摘」や「意見」は極力避け、メールだからこそ、「謙虚にプラスの励まし」が伝わるように。そして、少し込み入ったり、イメージがしにくい案件は、電話や対面で直接会ってフォローし、相手の表情や気持ちを推し量りながら話を進めるなど、一歩踏み込んだワンアクションの大切さを感じます。

ーグループラインでのやり取りの例などー

最近では、同窓会やサークル、ママ友、イベントの仲間、職場のプロジェクトなど、グループラインだけでも何十グループといろんな繋がりを持っている人が増えています。

多くの仲間と同時にチャットできるので、確かに便利なツールですが、時には自分の思うようにコトが運ばなかったり、仲間の意図せぬひと言にイラッとしたり、何か相手に物申したくなることもありますよね。
そういう時は、ちょっと一呼吸……。とっさに反論の言葉が思い浮かんでも、安易に指摘や指示、非難はしない方が賢明です。

例えば、
「なぜ、私に伝えてくれなかったのよ！」と言いたい気持ちを
「私に教えてくれれば、フォローできたのに」

「約束破るなんて、ひどい！」と怒るなら
「カフェで五十分待って、とっても悲しかったの」

「娘さんを怒鳴らないほうがいいよ！」と意見したいところを、
「私なら、『帰りが遅いと心配なの』と言うかな」
などと、ワンメッセージ、自分の気持ちを入れてみます。

その一言が、相手にグサッと刺さらないように伝える工夫も必要です。

でも、伝えかたは人それぞれで、ＳＮＳやメールの文面から伝わってくる本人と、実際の本人がまるで違っていることもあります。

メールの文面は、さらっとしていて事務的で冷たくても、直接本人に会ったら、思いの外、優しい人だったりすると安心しますね。

ＳＮＳだけの思い込みで相手を判断して見誤ってしまうのは残念です。リアルな社会で補えないようなことをネットで補って、ネットで伝えきれなかったことをリアルな社会で充実させるようなバランス感覚を持てるようになりたいです。

そのためにも、メールの文面では私は一言、温かみを添えるようにしています。

たとえば、「胸が熱くなりました」「緊張がほぐれました」「ほっこりします」「懐かしさを感じる」など相手とのやり取りに対して、自分が変化したり感じたことを短い言葉で表現すると、オリジナリティが出てきます。

また、文章や会話の始めと終わりに、「ご連絡ありがとう」「うれしいです」「助かります」「楽しみです」「お疲れ様」などといった感謝の言葉や前向きな感情、「また会いたいですね」「今から心待ちにしています」「お気をつけてお越しください」「期待しています」などといった〝プラスαの一言〟を相手に伝えるようにしています。

このワンフレーズで、後味が爽やかに余韻も残り、活力も生まれたりするので、言葉の持つ力は絶大です。これらはメールやSNSだけではなく、普段の話し言葉でも同じです。言葉のチョイスを変えることにより潤滑油が生まれ、スムーズに会話が進んで行きます。

「うれしい」や「ありがとう」の言葉は言われる度に心が満たされるので、惜しみなく注いでOKです。

プラスの一言ワーク～人間関係が気まずくならない言い回し～

相手を思いやっているつもりが、相手を追い込んでいたり、共感しているつもりが投げやりに聞こえていたり。言葉のニュアンスは普段から意識していないと、ぽろっと本音が出て場がしらけ、相手のやる気を損なってしまうことがあります。

相手のプライドを傷つけないよう、そして相手の承認欲求を満たす言葉遣いがコミュニケーションを円滑にします。周りの人の心も和らぐような言葉掛けを考えてみます。

・もっと仕事をしてほしい時

「なんでそんなに気がつかないの?」→「資料のコピーを取ってくれるだけでもありがたい

んだけれど」

・やり直しをやんわりと注意したい

「このレポート、全然うまく書けてないじゃないの」↓「この箇所を○○すると、さらにブラッシュアップできると思いますよ」

・うっかりミスを、反発されずに直してもらいたい

「うっかりミスが多いですね」↓「私もよく間違えそうになるので、あなたも気をつけてね」

・やる気がない時

「君、やる気がないのが顔に出ているんだよ」↓「あなたらしくないですね。何かあった?」

相手を責めるのではなく、相手が自ら「そうしたい」とアクションを起こすような言葉掛けが、サラッとできると、信頼関係もより深まります。

Lesson 10

はっきり伝える力
～勇気を出して、アサーティブに伝えてみる～

苦手な相手からの理不尽な言葉に気持ちがささくれ立ったり、イライラしたことはありませんか。思わずカッとなって余計なひと言を言ってしまったり、逆にこちらのつらい思いを伝えられないままモヤモヤした気持ちを引きずって憂鬱になったり、相手のアラ探しをして自分を正当化し、その結果、さらに腹ただしい負のスパイラルに陥って堂々巡りをしたり……。

そのどれも自分にとっては好循環にはならないかもしれません。一番効果的な方法は、サラッと受け流すこと……。でも、それができれば苦労はないですよね。そんなに簡単に自分の心の折り合いをつけられなかったりします。

自分が傷ついて、曖昧に自分の心に蓋をしてしまうよりも、一歩踏み込んで自分の想いをアサーティブに伝えてみることも必要かもしれません。

アサーティブとは、自分も相手も大切にして、自分の考えを率直に誠実に伝えることです。

嫌だなと思った言葉を飲み込むのではなく、相手を責めずにその感情を率直に言葉に表してみます。

「私」を主語にして伝える「Iメッセージ」という表現で、「それは悲しいです」「困っています」「残念です」など、自分の心の痛みやつらさを伝え、そのあとに自分の要望を具体的に伝えると相手とのコミュニケーションも変わってくるでしょう。

例えば、自分の気にしている容姿について傷つくようなことを言われたら、

「それはちょっと、グサッときました」「私も傷ついちゃいますよ」

腹の立つようなことを言われ、何日もつらい気持ちが晴れない場合には、

「気にしないようにしようと思ったのだけど、なんだかずっと悲しくて……」などなど。

以前に同じ職場の方で、とてもはっきりキツく話す男性がいた時に、思いきって、

「その言葉、ちょっと刺さります。でも○○さんのお仕事は手早くてすごいですね」

と笑顔で伝えたところ、

「それは悪かった、私はズケズケいう癖があって……」

と思いの外、悪びれて謝ってくれたことがありました。

言うタイミングや相手の性格にもよりますが、勇気を出して、こちらの気持ちや状況を素直に伝えたら、相手の反応や接し方も変わったりして、今まで以上に親しくなり相手のよさ

を発見することもあります。

できれば私は、モヤモヤした思いをユーモラスに笑いに変えられるよう、爽やかなコミュニケーションができたらいいなと心掛けています。

例えば、答えたくないようなプライベートなことを聞かれた場合には、「その件に関しては、事務所を通して下さい～（笑）」などと女優気取りで楽しく答えて、場の雰囲気を変えてしまうのも得策です。そして、相手が自分にとって違和感のある言葉を投げかけてきたら、その相手を俯瞰して同情心を持って見てみると、そこにはその相手の不安やストレス、うらやみ、こうあるべきという考え方、余裕のなさが見え隠れしていることもあります。

そのように視点を変えると、少し自分にも気持ちの余裕ができて、とっさに反論したり嫌な思いを引きずる必要がないかもしれません。

不快な言葉を言われても、同じ土俵に乗らず、相手とは違うステージにいるのだな、違う周波数を発しているのだと考えると、争う気持ちも消え、自分自身も楽になります。

Lesson 11

ものの綺麗な受け渡し

～キツネの手のように指先を揃えるだけで、丁寧さが伝わり、心も整います～

大事なお客様や目上の方とお会いする時、普段より身体全体が緊張して力が入ってしまうことはありませんか。

必要以上に気負わず、笑顔で姿勢を正し、手先を隙間なく揃えるだけで、品位が備わります。

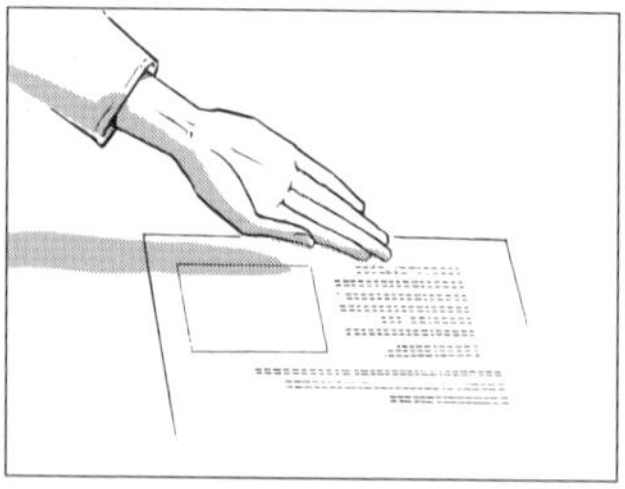

・方向を示したり、書類を指差す時

「応接室はあちらです」などと方向を示したり、書類を指し示す時、人差し指を立てるのは失礼になり、手の甲を相手には見せません。指を揃えて相手に手のひらを向けて、指し示します。

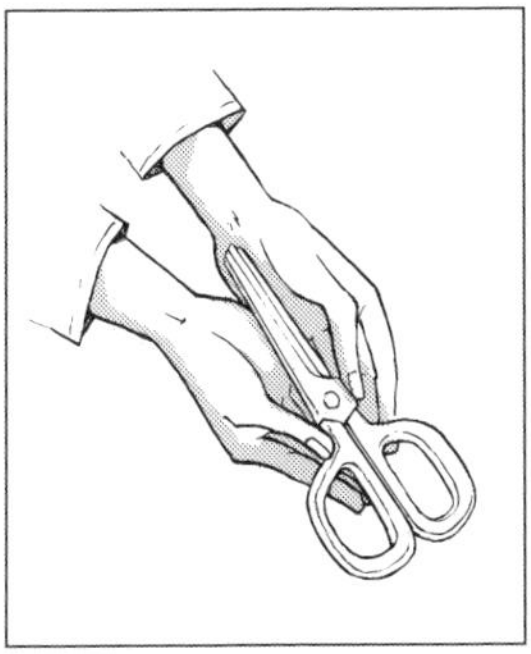

・**書類やカードの受け渡し**

相手に書類やカードを渡す時には、相手が読みやすい方向にそれらを向け、書類やカードの端を両手で持って、胸のあたりでふんわり弧を描くように差し出します。それだけで、大切なものという付加価値が備わります。

・**品物やお土産などを渡す時**

ペットボトルなどを渡す時にも、相手の向きに指先を揃えて両手で持ってお渡しし、お土産を手渡す時には、袋から品物を出して、両手を添えて差し出します。

ハサミやペンを渡す時には、刃先やペン先を自分側に向け、持ち手のあるものは、相手が受け取りやすいように、持ち手を相手に向けて渡します。言葉を発しなくても、物を大切にしている気持ちが伝わります。そして渡す時には、まず相手の顔を見て、アイコンタクト&言葉↓お渡しするもの↓アイコンタクトというように一連の目配りをすると、丁寧さがより伝わって相手の心をつかみます。

Lesson12

スムーズな名刺交換

名刺交換はビジネスや出会いの入り口です。名刺はその人の顔であり、会社の看板でもあります。名刺をその人そのものと思って、大切に扱いましょう。

・名刺の差し出し方

名刺入れの山のある方を相手に向けて、相手の向きに名刺を載せて、両手で相手に差し出します。大切なものは直に置かないという理由から、名刺入れをお盆代わりにします。

相手の正面に立ち、アイコンタクトをして名乗りながら、相手よりも低い位置から差し出

します。

「○○会社○○部○○と申します。よろしくお願いいたします」

・名刺の受け取り方

相手の目を見て、両手で受け取り、「頂戴いたします」と答えます。

「○○様でいらっしゃいますね。よろしくお願いいたします」と名前を確認します。

名前を口にすると印象に残り、自分の記憶にも残りやすくなります。

打ち合わせ、商談中はテーブルの上に名刺を置き、複数の場合は、座っている順番に名刺を並べます。

・**同時交換の場合**

名刺入れの上に自分の名刺を置いたら、名刺を右手で相手の名刺入れの上に乗せ、同時に相手の名刺を自分の名刺の上に乗せて受け取ります。片手移動でOKです。

名刺を受け取ったら、両手で頂戴します。

・**複数の人と名刺交換する場合**

あらかじめ、人数分の名刺を名刺入れの間（蓋の下）に用意するとスムーズに行えます。

一枚ずつ自分の名刺を取り出して交換し、いただいた名刺は名刺入れの下に仮に置き、順番に交換するとスマートに対応できます。

笑顔で感じのよい名刺交換をしましょう。

※名刺交換のNG

テーブル越しの名刺交換（やむを得ない場合は「テーブル越しで失礼します」と言葉を添えます）

相手の会社名やロゴなどの上に指を置いて持つ。

受け取った名刺に、相手の前で書き込みをする。

ポケットやお財布に名刺を入れる。

Lesson13

覚えておきたい席次

大切な取引先やお世話になっている方と行動を共にする時、会議室やレストラン、応接室などで、どの席にお相手を案内すればよいのか、自分はどこに座ればよいのか戸惑うことはありませんか。

基本的な知識があれば、堂々と振る舞うことができます。スマートに案内して、居心地のよい空間をつくりましょう。招かれたゲストや一番ポジションの高い人が座るのが「上座」

です。洋室の席次は、一般的には入り口から遠い席が「上座」、近いところが「下座」です。椅子の形状にも格があります。長椅子のソファー→肘掛けのある一人掛けの椅子→一人掛けの背もたれ付きの椅子→肘掛けのないスツールの順番です。

応接室や会議室

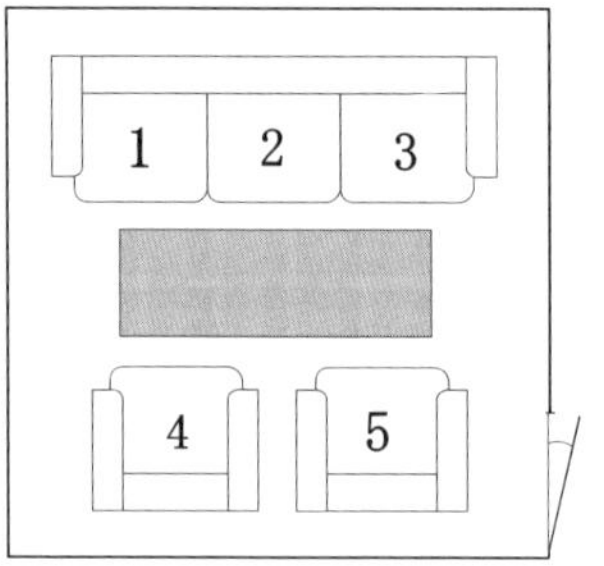

オフィス内の応接コーナー

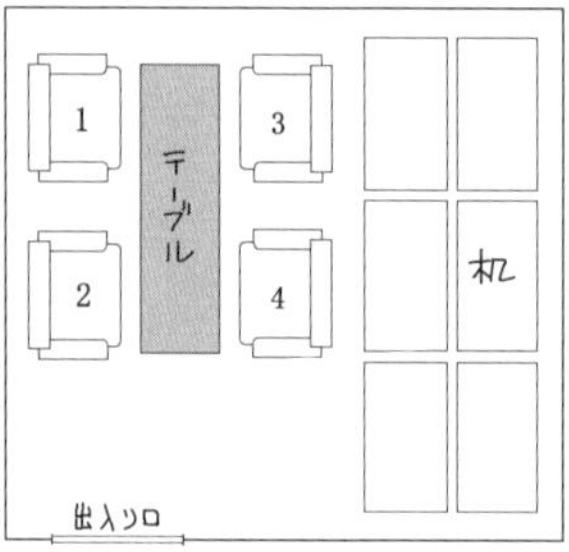

オフィス内に応接コーナーがある場合は、入り口に近くても職場のデスクが並んでいる場所から一番遠いところが「上座」です。

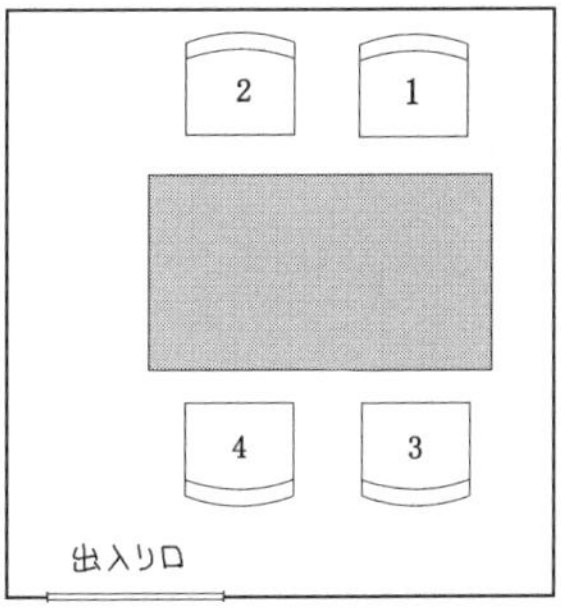

レストランなどのテーブル席

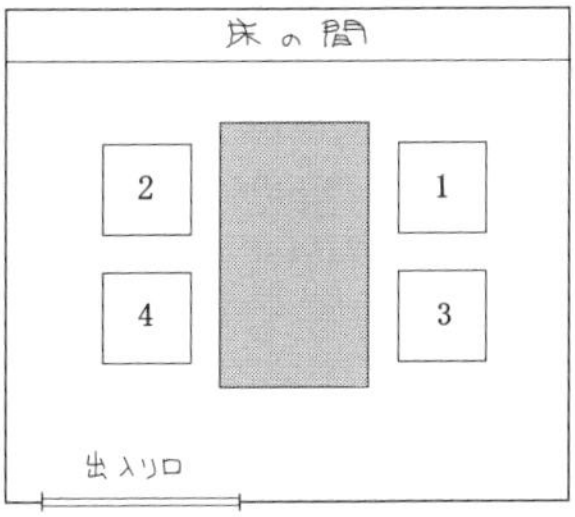

床の間とテーブルの配置が
直角の場合

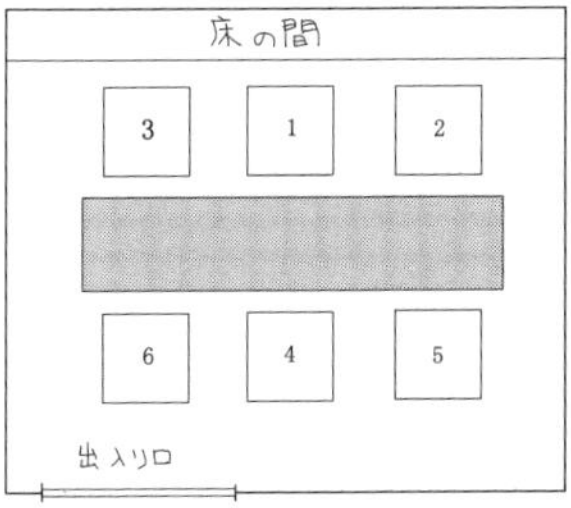

床の間とテーブルの配置が
平行の場合

ビジネスの会食などでも気を遣うのが席順です。和食店の場合は、入り口からの距離よりも、床の間との距離が重要です。和室や中華料理店では、上座に座っている人の左→右と順位が下がります。

また、絵画が飾ってあったり、美しい景色が見える場合は眺めのよいところに、足が悪いので奥まで入れないなどという場合は出入りしやすいお席にと、その時の状況によって臨機応変に対応します。

電車や飛行機・自動車

乗り物は、基本的に窓側が上座です。三人掛けの場合は、真ん中が座りにくいことなどから下座とすることが多いのですが、話しづらかったり乗り降りがしにくいなどの状況からその場にそぐう対処をします。

電車や飛行機では、進行方向に向かった窓側が上座。末席は三列席の中央です。

社用車では、運転手が上司の場合は、助手席が上座→後部座席の運転席の後ろ→反対側の窓側↓真ん中が末席です。

タクシーは、運転手の後ろが上座↓反対側の窓側↓後部座席の真ん中↓助手席の順番です。

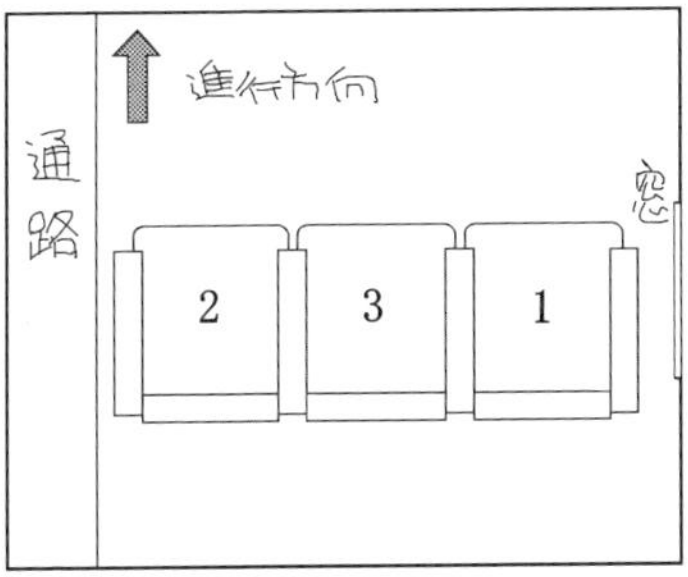

電車・飛行機

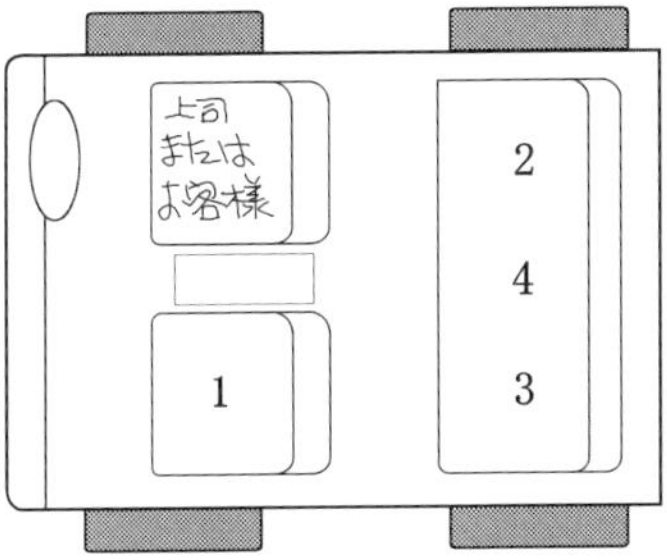

社用車や自家用車の座席
（お客様や上司が運転する場合）

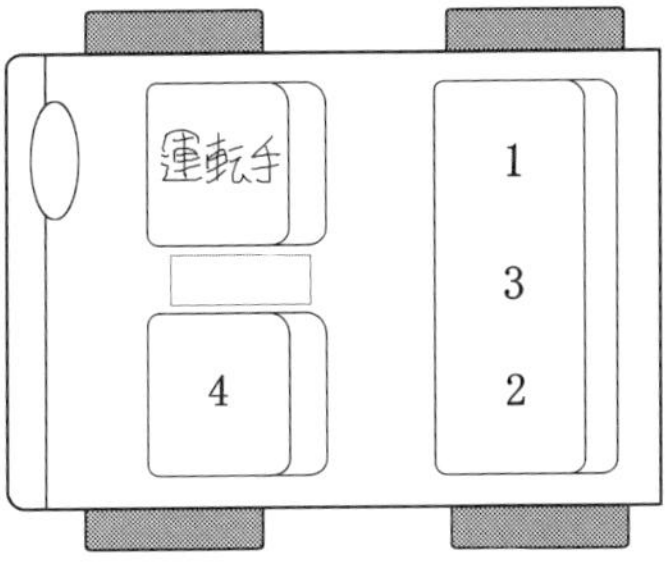

タクシー・運転手付きの社用車

Lesson14

知っておきたいテーブルマナー

～ランチ会や会食の席でスマートに振る舞うために～

ビジネスで、あるいは友人とランチをする機会は多くても、意外と知らないマナーがあるかもしれません。気軽にイタリアンやフレンチレストランに出かける時も、あなたのちょっとした振る舞いが、マイナス印象のマナーとなってしまいます。完璧とまではいかなくても最低限のことをおさえて、心地よいマナーで楽しく食事をしましょう。

食事前

―椅子は左側から座る―

昔、西洋では身を守るために剣を身につけていました。右側から椅子に座ると剣が邪魔で座りにくかったその名残りで、男女を問わず、左側から座るのがマナーになっています。

―バックは椅子の背もたれと背中の間に置く―

コートを身につけていたり、荷物が多い時には、あらかじめクロークに荷物を預けてから席に着きます。

NG

―バックやジャケットを椅子の背もたれにかけない―

椅子の背もたれにモノをかけると、スタッフの給仕を妨げ、通りにくくなってしまいます。

小さなバックの場合は、テーブルにかけて使えるバックハンガーがあると便利です。

食事中

―ナプキンは2つ折りにして折り目をお腹側に置く―

口を拭く時には、上側の裏をめくって、さり気なくぬぐいます。

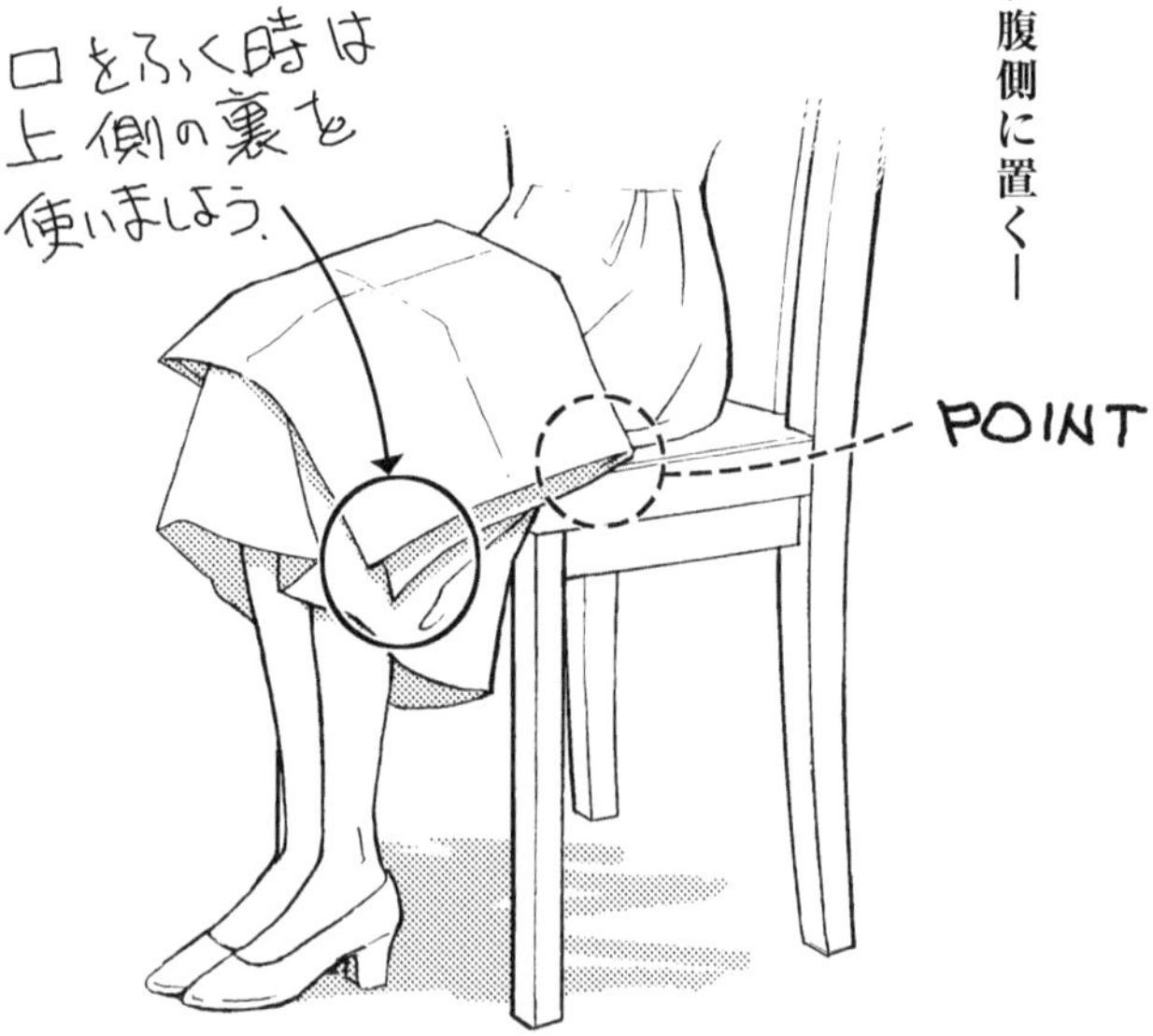

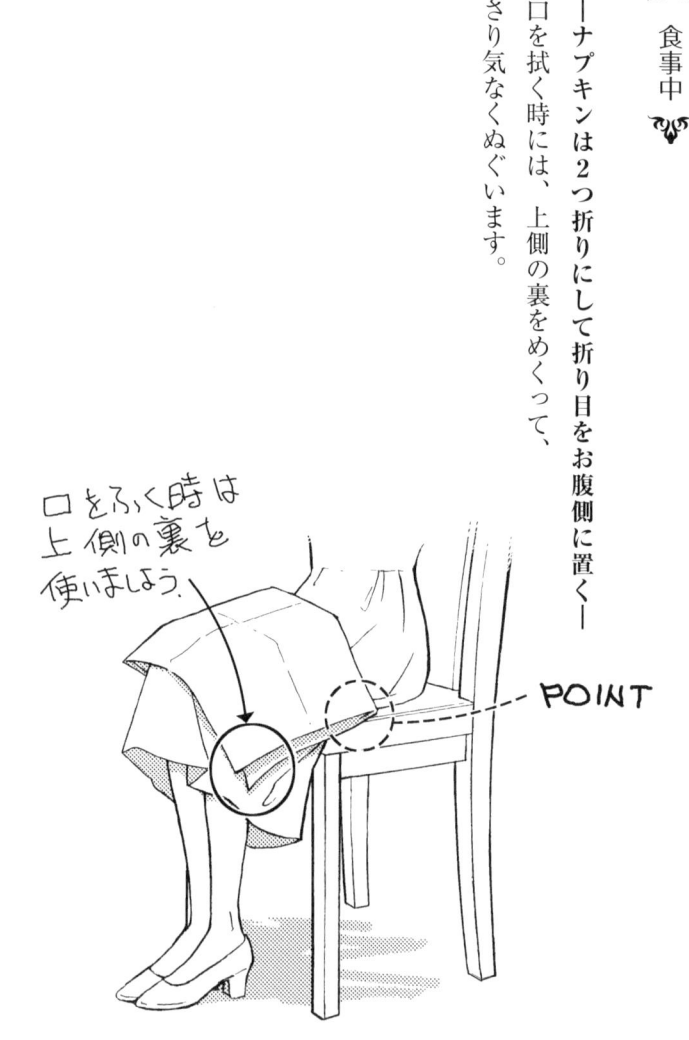

―グラスに口紅がついた時―

意外と人目についてしまうのが口紅。ナプキンやティッシュで拭き取るのではなく、親指のハラでグラスをサッと拭いてその指をナプキンでぬぐいます。気になる方は、食事の前に洗面所であらかじめティッシュオフするとよいでしょう。

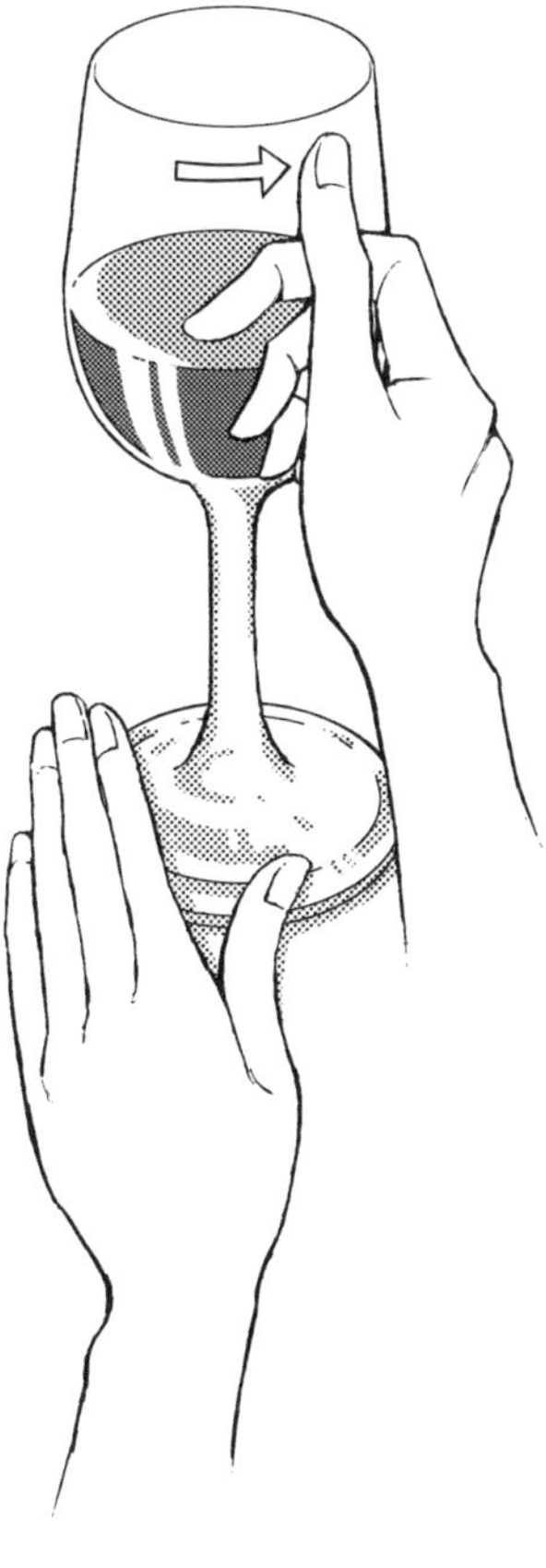

ナプキンの置き方

中座をする時

―ナプキンとカトラリーはお店の方へのサイン―

ナプキンはきちんとたたまず、
くしゃっと座席の上に置くのがマナーです。

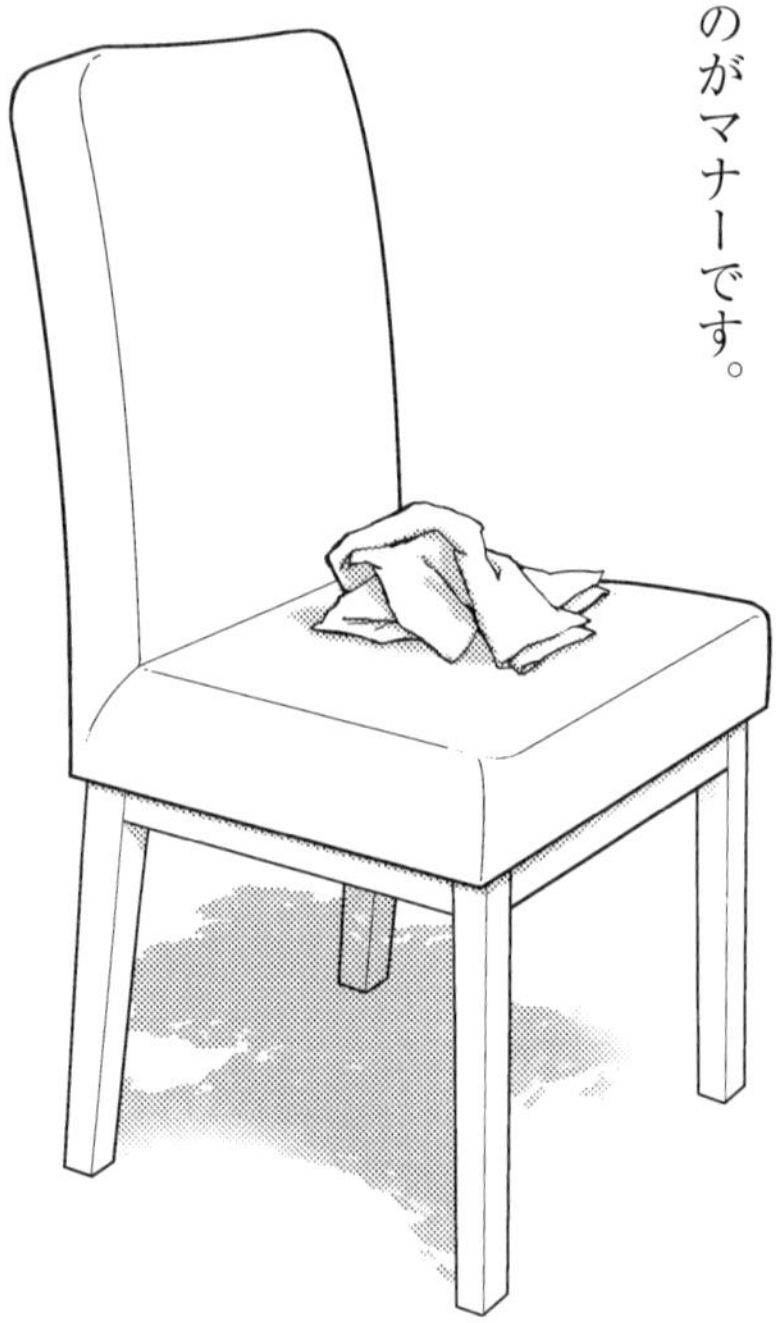

食事を終えた時

きちんとはたたまずにテーブルの上に置きます。

海外や正式なフレンチレストランではおしぼりは出ません。あらかじめ、自分の手を洗ってから席に着きます。

カトラリーの置き方

食事中

ナイフ&フォークはハの字に

フランス式

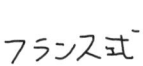

食後

イギリス式は時計の針が六時のように

フランス式は時計の針が三時か四時

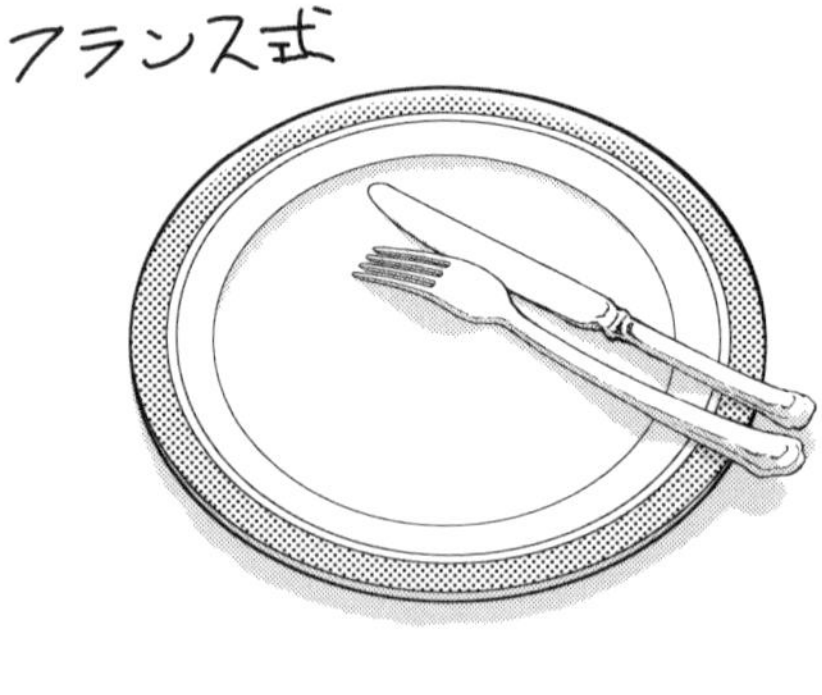

—ワイングラスの持ち方—

ワインが注がれている時は、手を添えたりワイングラスを持たなくてもＯＫ。

お酒が飲めない時も、相手の気持ちを損ねないように上手くお断りします。

「ありがとうございます。充分いただいています」

—女子会でよくあるパターン—

女子トークが盛り上がって、コース料理の途中で席を立って名刺交換をしたり、話し込んだり、トイレに行くのはタブー。料理が運ばれて、向かいや隣り合わせの方と楽しく会話をしてひと通りの食事を終えてから、席を離れます。

基本的なマナーを守って、楽しく美味しく食事をしましょう。

Lesson 15

お茶のおもてなし

職場や季節によって、お客様にお出しする飲み物は異なりますが、基本的なお茶の出し方を理解しましょう。日本茶、コーヒー、紅茶を運ぶ時は、お盆に茶碗と茶托（カップとソーサー、グラスとコースター）は分けてのせます。きれいなふきんも用意します。

飲み物を運ぶ時は、お盆を胸の高さに両手で持ちます。挨拶が終わった頃を見計らい、ノックをして入室した後、ほこりや髪の毛が入らないようにお盆を身体の正面から横に少しずらして「失礼します」と挨拶、お辞儀をします。

入室後、サイドテーブルがあればそこにお盆を置き、茶碗（カップ）の底をふきんで拭いてから茶托（ソーサー）にのせてセットします。サイドテーブルがない場合は、テーブルの下座側に置くか、お盆を持ちながら片手でセットして運びます。茶碗に柄がある場合は、柄がお客様の正面に見えるように置きましょう。コーヒー、紅茶をセットする時は、スプーン

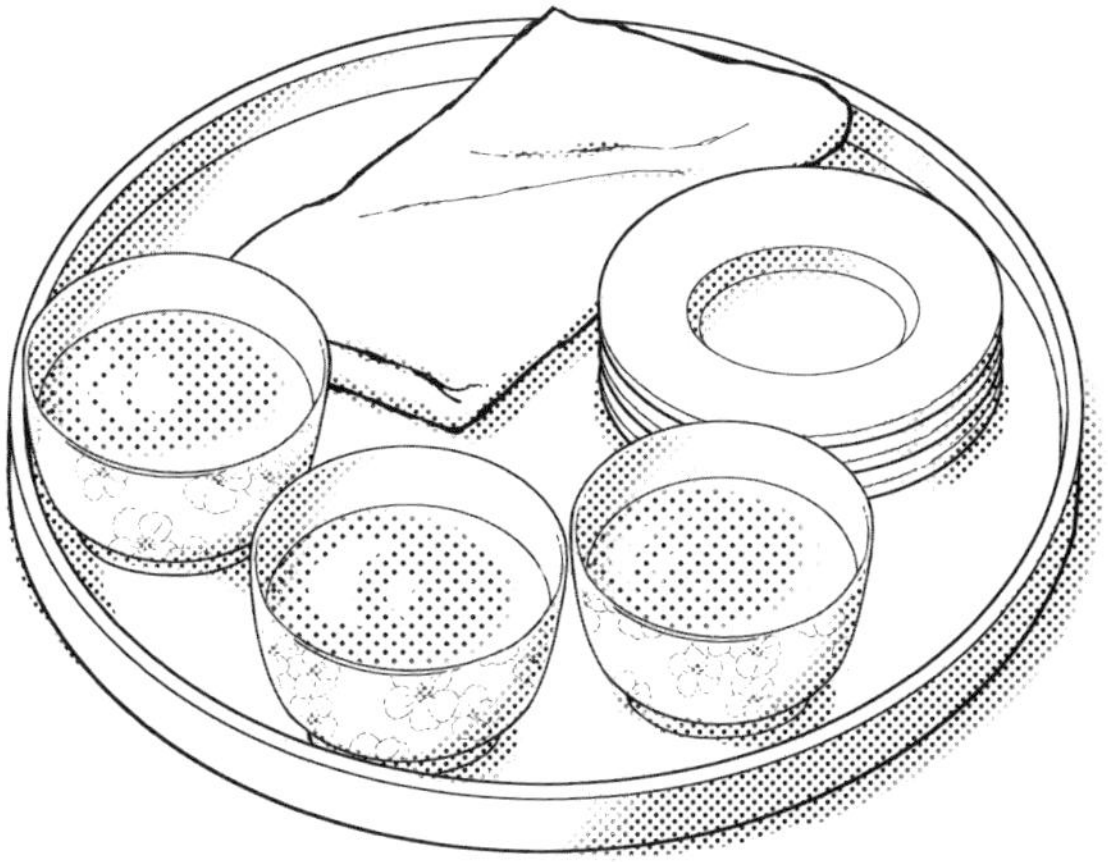

はソーサーの上、カップの手前にセットします。ビジネスでは、持ち手は右側、砂糖、ミルクは一緒にソーサーにのせるか、別の容器にまとめて出します。お茶は、お客様→社員の順番で、上座の人から出します。「どうぞ」「失礼します」と一言添えてお客様の後ろ右側から出し、お客様の右斜め前に置きます。面談や商談を妨げないようにサーブし、テーブルの上に資料が置かれている場合には、「こちらでよろしいでしょうか」と一声かけてから、お茶を置くとよいでしょう。

お茶を出し終えたら、お盆は表を外側に向けて脇に抱え持ち、「失礼しました」と一礼して退室します。話が長引いている時は、小一時間をめどに飲み物を替えましょう。

大事なお客様へのお茶出しは、少々緊張することがあるかもしれませんが、さりげない配慮や言葉を添えた所作を一つ一つ丁寧に行うと、自ずと美しさが表れます。

そして笑顔を忘れずに。笑顔が何よりのおもてなしです。

Lesson16

スマートなお出迎え、ご案内、お見送り

会社や職場を訪ねた時のお客様への対応がスマートで心地よいと、その職場全体のイメージアップに繋がります。

—お出迎え—

受付がない場合、初めての訪問者は誰に声をかけたらよいのか不安になりがちです。

お客様の気配を感じたら、入り口付近の人はさっと立ち上がり、「先手必笑」の笑顔で、「いらっしゃいませ。お約束をいただいておりますでしょうか」と挨拶をする習慣があると、その場の空気も和らぎ、お客様の緊張もほどけます。

―ご案内―

お客様の社名とお名前、アポイントの有無を確認したら、担当者に連絡し、指示された場所に案内します。

「あちら（応接室）にどうぞ」などと、行き先を片手で指し示し、お客様に廊下の真ん中を歩いていただきます。案内役は、お客様の二～三歩斜め前を歩きます。

段差がある場合には、「足元にお気をつけ下さい」、廊下を曲がる時や階段を上がる時には「こちらでございます」などと一言掛けると、好感度がアップします。

応接室に入る時にはノックをしてからドアを開けます。

内開きのドアなら自分が先に部屋に入り、ドアを押さえて案内し、外開きのドアの場合は、自分側にドアを開けて押さえ、お客様をお通しします。

内開きのドア

外開きのドア

お客様には、ドアから一番遠い上座の席を手のひらで指し示して、「こちらにおかけ下さい」とお声掛けします。相手が遠慮して下座に座ることもあるので、きちんと上席をすすめます。

お客様が席についたら、「担当の者が参りますので、少々お待ちいただけますでしょうか」と一言添えて一礼します。ドアを静かに閉めて、退室します。

―お見送り―

応接室での面会が終わり来客がお帰りの際は、誘導してエレベーターホールや玄関、場合によっては駐車場まで見送ります。玄関の手前でお見送りをする場合は「こちらで失礼します」、天候の悪い日などは、「お足元の悪い中、ご来社いただきましてありがとうございました」などと、プラスαの一言を添えると印象に残ります。

エレベーターでのお見送りの際は、エレベーターの扉が閉まるまでお辞儀をしたままの状態で挨拶をします。玄関などで相手が見えなくなるまでお見送りをすると、お客様は背中に心地よい余韻を感じます。

Lesson17

自分の気持ちに素直に

～自分を大切にして、さらに充実した時間を過ごすために、前向きな人間関係の見直しをする～

─SNSを使ったお付き合いで疲れないために─

昔は年末に年賀状を出す時、年賀はがきを出したい友人やお世話になった人を思い出しながら、新年の挨拶を書いていました。けれども今は、SNSなどで多くの人と簡単に繋がることができる様になったため、親しい人や友人の定義づけさえも曖昧になってきています。ちょっとした知り合いや繋がりも増え、そのために相手との関係が重荷になったり、要らぬ厄介な揉め事に巻き込まれることも出てくるようになってきました。

そんな人間関係にどのように対応すればよいのでしょうか。

SNSのやり取りで疲れ、苦手に思っている人を「あの人の○○が嫌い」と決めつけて、ますます嫌いになりそうな時には、「あの人は、○○を大切にしているのだ（こだわっているのだ）」と発想を変えてみると、嫌いなこともさほどいやに思えなくなってくるかもしれません。

腑に落ちないことがあった時も、相手との一定の距離を保ち、付かず離れずの関係をキープすると、また新たに相手のよいところが見えてくることもあるでしょう。時が経ち、自分の置かれる環境が変わってくると、相手の気持ちが理解できることもあります。

また、距離を置かれたり、疎遠になってしまった人に対しても、「それが相手の心遣いだ」と思えば、違和感や不信感も残りません。ネットでの人付き合いも、ボタン一つで消去できる今、リセットする前に、自分が気楽にやり過ごし、気持ちを立て直す習慣をつくるのもよいかもしれません。「なんとなく」の気持ちではなく、「今のこの時間、私は誰と何をして楽しみたいのか」と優先順位をつけてみると、自ずと大切なものが見えてきます。大勢の人との関わり合いの中で、自分の心の負担を減らし、バランスを保って楽しむことで、人とのお付き合いも上手に育んでいくことができるのかもしれません。

一口に人付き合いといっても、ビジネスでの上司と部下、同僚、取引先、仲のよい友人、趣味の仲間、親戚、ご近所、子供の親同士の付き合いと関係性は様々です。

もちろん全ての人と同じ様な親密度で接するわけではなく、人それぞれ、その相手との大切さの度合いや関わり方が違います。そこで決して格差をつけるわけではありませんが、「親しく付き合いたい人」「普通に付き合いたい人」「あえて深く付き合わなくてもよい人」「少し苦手だけど関わりのある人」などとザックリ振り分けてみます。

この人とはここまで関われれば充分満足だとあらかじめ思っていれば、付き合いが断たれることがあった時にもそれほどショックを受けずにすみます。

また、相手との親密度や信頼関係によっても心理的な距離感は違ってきます。

特に親しい間柄ではない場合には、相手に踏み込みすぎて敬遠されてしまったり、うれしい気持ちを無邪気に表しただけなのに「自分の自慢ばかりする」と誤解されたりすることのないように、ある程度の距離感と想像力を持ちながらお付き合いをした方が、長続きしてよい関係を保てるのではないでしょうか。

自慢話をしたい時には、そのことを快く受け入れてくれる人に、「ちょっと自慢してい
い？」「手前味噌なんだけど……」などと前置きしたり、自慢話の終わりにオチをつけて笑いを取ったり……。お互いが心地よい距離感を保って、無理せず素直になれる気持ちをキープしたいですね。

人付き合いにおいては、一様に笑顔や挨拶、話しかけやすい感じのよさ、聞き上手になって、人の悪口や愚痴を言わないなどの基本的なマナーはおさえます。公明正大で、誰にでも、どこで会っても爽やかな印象を与えられたら、その人の人間性における評価は確実にアップします。

王道はないけれど、たくさん失敗し、傷ついたりして試行錯誤しながら柔軟に対応し、私

ならではのやり方やこだわり、「私イズム」をつくっていけたら、素敵な居心地のよい空間を生み出せるでしょう。

おしまいに

講師になりたての頃、尊敬する年配の男性講師から一枚の紙をいただきました。「これが私のモットーですよ、五十嵐さんにもプレゼントします」。そう言って差し出された紙には、マザー・テレサの言葉がありました。

思考に気をつけなさい、それはいつか言葉になるから！
言葉に気をつけなさい、それはいつか行動になるから！
行動に気をつけなさい、それはいつか習慣になるから！
習慣に気をつけなさい、それはいつか性格になるから！
性格に気をつけなさい、それはいつか運命になるから！

仕事をすればするほど、この言葉は深く、身に染みてきています。
よい言動をすればうれしいことが、あやまった言動をすると、予想外の出来事が自分の身に降りかかってきます。研修講師として、ビジネスマナー、電話応対、クレーム応対、メール文書マナー、ホスピタリティ講座などをお伝えしていますが、どの講座にも言えることは、相手に何も大げさな計らいをするのではなく、何気ないワンフレーズ、ワンアクションに心を込めて行動する、その積み重ねに人柄や人間味が出るということです。

かつての私は、嫌なことがあると毎日がため息と愚痴の日々でした。自分では、その場でイラついた気持ちを発散してよしとしていましたが、実は「思考」も「言葉」も「行動」も全てマイナスのベクトルになっていて、あのままでは間違いなく愚痴だらけの性格で人生を送るところでした。

日本ブランドでもある「おもてなし」の語源をご存知でしょうか。諸説ありますが、「表裏無し、表裏のない心でお客様を迎える」、そんな素敵な意味があり、相手に見返りを求めず敬い、丁寧に接することです。自分の心の奥底にわだかまりや打算があると、表面は取り繕っていてもそれが自然と言葉や所作に現れて相手に見破られてしまいます。生まれ持った容姿は容易に変えることができませんが、感じのよさ、心の持ちようは、努力次第でいくらでも克服することができます。そのためには何よりもまず、自分自身が満ち足りて、気持ちの余裕があって初めて、心の底からの思いやりを表すことができるのではないでしょうか。

ビジネスマナーやコミュニケーションのコツをお伝えする前に、本書ではまず、あなたご自身を大切にして輝いてほしいとの想いから自分軸をつくり、今まで気付いていなかった自分の魅力を再発見し、あなたならではのスタイルをつくってほしいと願います。

みなさんの周りには、素敵な先輩、尊敬する上司などいらっしゃいますか。身近な方でなくても、タレントさんや偉人でもよいのです。その素敵な方の心地よい習慣や言葉遣い、仕草などを真似してみたら、感性が磨かれて、ますますあなたも輝ける人になるでしょう。

私はクタクタになったマザーテレサの言葉が記された紙を、何枚かコピーして手帳や講座のテキスト、ファイルなど、目につくところに忍ばせています。自分が行き先を迷わず、間違った方向に舵を取らないように。何年か経った今でも、この紙を目にする度にハッと初心に帰ります。私にとっては羅針盤であり、ビタミン剤のような言葉です。

世の中の動きが速く、多様性が重んじられる今、マナーやコミュニケーションに「これこそが定法」という確実な答えはありません。けれども、あなたらしい好感を持たれる生き方を身につけたら、ますます人生に彩りが添えられ、豊かさと楽しさが倍増することでしょう。そして、素晴らしいご縁を引き寄せ、ハッピーになることをお約束します。

本書の刊行にあたりましては、みらいパブリッシングの安藝哲夫様、鶴見直子様、イラストレーターの池田おさむ様にご尽力いただき、心より感謝いたします。

最後に、本書を執筆するきっかけをつくり、アドバイスを下さいました、数多くの友人、先生方に厚く御礼申し上げます。そして、ラストまでお付き合い下さったあなた、本当にありがとうございました。

五十嵐由美子

五十嵐由美子

フリーアナウンサー・日本サービスマナー協会の認定マナー講師・サンセリテ代表
静岡雙葉高校、立教大学社会学部卒業後、富山テレビ放送入社。退職後はフリーアナウンサーとなり、フジテレビやFM世田谷他でレポーター・ナビゲーター・ナレーター・司会などの仕事を経験。2011年に日本サービスマナー協会の認定マナー講師となり、ビジネスマナーやハラスメント対応、クレーム・電話応対、コミュニケーションなどの各種研修を行う。テレビ局や銀行、メーカー、IT企業などの民間企業をはじめ、官公庁、医療機関などでも年間70回ほどの研修やセミナーを担当している。
親しみやすく実務的な研修で、型にハマったマナーにとらわれず、その人らしさを生かして参加者のモチベーションを上げ、輝かせるのが信条である。

研修のお問い合わせ
http://igarashiyumiko.com

幸《しあわ》せが生《う》まれるマナーの極意《ごくい》
Open your heart with this key.

2019年11月23日　初版第1刷

著　者 ―― 五十嵐由美子《いがらしゆみこ》
発行人 ―― 松崎義行
発　行 ―― みらいパブリッシング
〒166-0003 東京都杉並区高円寺南 4-26-12 福丸ビル 6 F
TEL／03-5913-8611　FAX／03-5913-8011
編集／鶴見直子
ブックデザイン／堀川さゆり
イラスト／池田おさむ
発　売 ―― 星雲社
〒112-0005 東京都文京区水道 1-3-30
TEL／03-3868-3275　FAX／03-3868-6588
印刷・製本―株式会社上野印刷所

ISBN978-4-434-26749-9 C0076